特別支援教育&遊びシリーズ ①

特別支援教育に役立つ手づくり教材・教具集

太田正己 監修／石川県立明和養護学校 著

よく見てシュートボックス

黎明書房

監修の言葉

　　子どもが帰ってひっそりした教室で
　　「つくってみよう。」
と，ひとりの先生が呟く。
　　会議が終わった職員室で，
　　「使ってみましょうよ。」
と，チームを組んだ先生方が話し合っている。
　この本を手にされた方々は，この教材・教具を明日の授業で使ってみよう，そう思われるに違いない。そして，さっそく教材づくりに取りかかられるかもしれない。そんな教材・教具集である。
　読者にそんな思いを抱かせる教材・教具であるから，これらを作った明和養護学校の先生たちも，「つくり，つかう」とき，きっと楽しまれたに違いない。だから，保護者の方々も制作活動に加わっておられるのである。
　そのような教材・教具集の監修の言葉を書くにあたって，明和養護学校の教材・教具や教材ライブラリーと私自身のかかわりを振り返ってみた。直接に明和養護学校を知るようになったのは，平成19年度と20年度に当校の授業研究のスーパーバイザーとして招聘いただいたことにある。しかし，それ以前に論文を通して間接的に知っていた。
　明和養護学校の教材ライブラリーについて，私が最初に知ったのは「発達の遅れと教育」誌に掲載された実践研究の論文を読んだときである。その記憶をもとに，私は研究室の書棚から「教材・教具」と題したファイルを引っ張り出して，その実践研究の論文を探し出した。明和養護学校の教材ライブラリーに関して，私はファイルに3編の論文を挟んでいた。
　最初の1編は，ある専門雑誌の1985年（昭和60年）12月号の実践講座「学習意欲を高める教材・教具作り」であり，もう1編は，同じ雑誌の1986年の4月号に実践報告として掲載された「教師集団による教材・教具研究の取り組み—『教材ラ

イブラリー』の活動を通して」であった。著者は，12月号では，個人の先生名であった。後者は石川県立明和養護学校教材ライブラリー委員会となっているが，文責は先の実践講座を書かれた先生名になっていた。

　12月号の論文に，私は，3箇所にアンダーラインを引いている。まず，最初のラインは，

　「教師と児童・生徒との間で効果的に学習を進めていくものが『教材・教具』なのである。」

という文に引かれている。この文にアンダーラインを入れたのは，1975年に養護学校の教員になった私自身が，養護学校の教員を続けており，教職経験10年を過ぎる頃で，授業とは何か，教材・教具とは何かを再検討しようとしていた時であったからである。

　次の文章にも同じような考えからアンダーラインを引いたのであろう。

　「知的発達に遅れを持つ養護学校の児童・生徒の特性からいって，文字やことばを媒介とした教科書やその他の教材・教具類よりは，絵や写真，実物などを媒介とした教材・教具類の方が，おのずと多く利用されている。」

　この文章には，教職経験10年の私自身が「そうだ」と同意したからである。私も，この頃は実際に多くの教材・教具を手づくりしていた。その一部は，養護・訓練部での活動として，1986年に同じ雑誌に発表している。

　もう一箇所は，少し長い，次の文章である。

　「教材・教具は，教師が児童・生徒に与えるものばかりであるとは限らない。教師の目から見て無意味だと思っても，児童・生徒が嬉々として遊んでいる紙や紐等があれば，それは，実は重要な教材・教具たり得るものなのである。教師は，それを無意味だと取り去るのではなく，それを媒介にして学習者との間で学習を組み立てる方法を考えていかなければならないと思われるのである。」

　この視点に頷いたからである。1982年度と1983年度，私の勤務校は研究テーマ

監修の言葉

として未測量の指導を取り上げていた。中学部に所属していた私は，長さを意識する教材を考えていた。竹筒に箸のような竹棒を入れる教材・教具を思いついた。

それは，一人の自閉症の子どもが排水路のコンクリート蓋の穴から小石を落とす行動を繰り返す様子を見ていたからである。穴から落ちた小石は水琴窟に落ちた水滴の立てる音のように私にはきこえた。その子どもの繰り返す様子を見て思いつき，竹筒に竹棒を落とし込む音に注目して教材化したことがあったからである。

もう一編の論文では，教材ライブラリーの目標にアンダーラインを引いている。

「**教材ライブラリーは，一人ひとりの子どもの能力や障害に合った指導を保障する，効果的で効率のよい教材・教具の利用を図る，効率のよい教材費の運用を図る，教師の研修・相談の場とする，などの面で必要性ありと判断し，設置した施設である。**」

ここにラインを引いたのは，私の中に教材ライブラリーの取り組みへのあこがれがあったからかもしれない。

さらに，3編目は，明和養護学校の1冊目の教材集であった。当時国立特殊教育総合研究所におられた宮崎直男先生の監修，教材ライブラリー委員会著『手づくりの教材・教具による授業』（明治図書，1989）に書かれた平井保先生（国立特殊教育総合研究所）の「教材・教具活用の意義」の部分であった。

このように振り返ってみると，現在の私自身の教材・教具についての考え方は，明和養護学校の教材・教具に関する論文や教材ライブラリーの考え方に触れることによって形成されてきた面がおおいにある。

その学校の著書を監修できることに感謝して，〈監修の言葉〉を結ぶ。

平成22年5月　千々の青葉を眺めながら

千葉大学教育学部教授　太田正己

発刊にあたって

　昭和54年の障害児全員就学以降，いわゆる特殊教育の指導内容，方法等は手探り状態で，必要に迫られた先人たちは工夫を重ねながら，相互障害状況を改善する方法として教材を仲立ちにする実践を重ねてきました。本校においても例外ではありません。限られたコミュニケーション能力であっても教材・教具を仲立ちにすることにより，教師と子どもは「課題」を解決するやりとりを重ね，互いの障害状況を克服し，指導方法，指導内容等を開発してきたのです。

　以来20年。現在はどうでしょうか。

　あのころの先生方はいつまでも本校に留まってはいません。また，特別支援教育を取り巻く制度，役割，環境等も大きく変わり，地域のセンター的機能を持つことを求められてきました。小中学校への支援も，教材・教具の貸し出しもその役割の一つです。

　今だからこそ，一人ひとりにあった教材・教具を開発してきた先人たちの精神に学び，「自らの手で，子どもの顔を思い浮かべ，ニーズに応じたこの子だけの教材を作成する」ことだと認識することが必要であると感じています。教材・教具を仲立ちにして，教師と子どもの相互の関係を築くこと，そのことが教材製作の原点だと思うからです。

　さらに，この教材ライブラリーの歩みになくてはならないもの，それは保護者による製作活動です。育友会の熱い思いが，教材ライブラリーを支えてくれています。

　写真のフェルトによる食べ物教材は，一人のお父さんが学校と子どもたちを思いながら作成し，クリスマスプレゼントをしてくれたものです。

　子どもたちは，お寿司を1個1個触って確かめ唇で味わい，ケーキを食べるしぐさをし，ハンバーグやホットドッグは中のレタスやトマト，卵焼きがバラバラでした。まさに，「思う気持ち」のなせる技です。

発刊にあたって

 　特別支援教育の大きなうねりの中，本校も平成22年には，新たなスタートをします。総合養護学校へ衣替えするこの時期に教材・教具についてまとめ刊行できることは，意義深いものとなります。また次の10年，20年の学校の歩みを考え続けるエネルギーになります。
　今後も，本校の教育活動を見守り続けていただきますとともに，ご教示いただければ何よりの励みとなります。

石川県立明和養護学校長　浦嶋千代美

もくじ

監修の言葉　1
発刊にあたって　4

I　教材・教具活用の意義と重要性　……………………………　11

1. 授業の構造　13
2. 授業の特徴と教材・教具　14
3. 教材・教具を媒介にした指導の意味　15
4. 教材・教具の提示の工夫　17
5. 教材・教具の意味と重要性　19
6. 学習指導要領にみる教材・教具　21
7. 自作教材・教具の機能性とその活用　23

II　自作教材・教具の活用　……………………………　25

日常生活の指導

ボタンを留めるよ！
　　ボタン花・マジックとんぼ・ファスナーバス　28

ひも結びが上手になるよ
　　ひも結び練習用エプロン　30

自分の係が分かるよ
　　係活動かばん　31

活動に見通しを持たせるために
　　着替えが終わった，さあ遊ぼう！　32

視力検査がスムーズにできるように
　　視力検査用アイマスク　34

トイレットペーパーをうまく使うよ
　　トイレットペーパーホルダー「まきまきくん」　36

もくじ

生活単元学習

誕生会を楽しもう
デコレーションケーキ 38

ゆらゆらケーキで遊ぼう
ゆらゆらケーキ 40

どきどきゲームをしよう
どきどきちょうちん 42

シャボン玉を作ろう
シャボンマシン〈パンダちゃん〉と〈ゾウさん〉 44

的当てをしよう
的当てバズーカ砲 46

楽しく追視ができるように
ころころポトン 48

じゃんけん遊びができるように
大型じゃんけんマシーン 50

ボウリングをしよう
倒れたピンが分かる掲示板 52

もちつきの練習をしよう
学習用 うす・きね 53

自動販売機が使えるように
手づくり手動販売機 54

信号を見て渡ろう
歩行者用信号機 56

光る看板で遊ぼう
光る看板 58

乗り物遊び
町のコミュニティバス「のっティ」 59

作業学習

陶芸キャンドルハウスづくり補助具
作ったパーツをのせるお盆，屋根の成形を補助する台 62

ステンシルとスタンプ押し補助具
　　メモ帳づくり　66
活動に見通しを持たせるための補助具
　　見通しを持って紙すきの作業ができるように　68
特大姿見
　　身だしなみのチェックのために　70

国語・算数（数学）

点結び学習導入ボード
　　点結びができるように　72
なぞりんぼう
　　なぞり書きが上手にできるように　74
さんかくパズル
　　形の学習　76
色・形・数の理解力を高める
　　色・形・数量の総合学習教材　78
カラーすごろくで遊ぼう
　　色の名前が覚えられるすごろく　80
マグネットシートとイラストサイコロ
　　すごろくをしてあそぼう　82
色の名称・マッチングボード
　　色の名称がわかるように　84

体育・家庭・図工（美術）・音楽

みんなでホッケーを楽しもう
　　ホッケー用のまと　86
ねらって投げよう！
　　よく見てシュートボックス　87
ハードルを跳び越せるように
　　ウエスタン調ハードル　88
おにをやっつけよう！
　　おにのまとあて　90

鼻にボールを入れるぞぉ！
ぞうさんゲーム　91

栄養バランスを学ぼう
食品ピラミッド　92

献立の栄養バランスを考えよう
食物カードとランチョンマット　94

簡単にスタンプが押せるように
ポンポンスタンプ　96

パネルシアター「どうぶつサンバ」
歌って楽しむ　98

パネルシアター「ジャイアントパンダのパンやさん」
うたって楽しもう（自作曲）　100

好きな音を出して楽しもう
とんとんポローン　102

自立活動

どこでもスイッチ
スイッチを活用しよう①　104

にぎるスイッチ
スイッチを活用しよう②　106

III　教材ライブラリーの活動　109

1　教材ライブラリーとは　111
2　教材ライブラリーの特徴　111
3　教材ライブラリーの施設　112
4　教材ライブラリー課の組織と業務　114
5　教材ライブラリー保護者の会　115
6　学校開放講座・学習会の開催　116
7　「明和の扉」の開設　116

あとがき　117

Ⅰ
教材・教具活用の意義と重要性

千葉大学教育学部教授　太田正己

Ⅰ 教材・教具活用の意義と重要性

1 授業の構造

　授業の基本的な構造は，教師，子ども，教材の3つの要素でとらえられると考えられている[1]。そして，これらの相互の関連を示す双方向の矢印を加えて図にしたものが，「授業の三角形モデル」（図1）である。これは，授業の構成要素をもっとも簡略化して図示したものである。

　実際には，在籍児童が一人というような特別支援学級での授業もあるが，特別支援学校では集団での授業が多いだろう。もちろん，特別支援学校でも教師と子どもの一対一での授業もある。しかし，子ども集団へチーム・ティーチングで対応している授業はしばしば見かけるものである。その場合，教師数が数人の場合から10人を越えるものもある。教材も，一つの授業で全員に同じ教材でない場合もある。例えば，学習障害の子どもが通常の学級で授業を受ける場合に，他の子どもたちと違ってまったく別の教材を用いる場合もある。この場合は，一つの教材が使われているというわけではない。

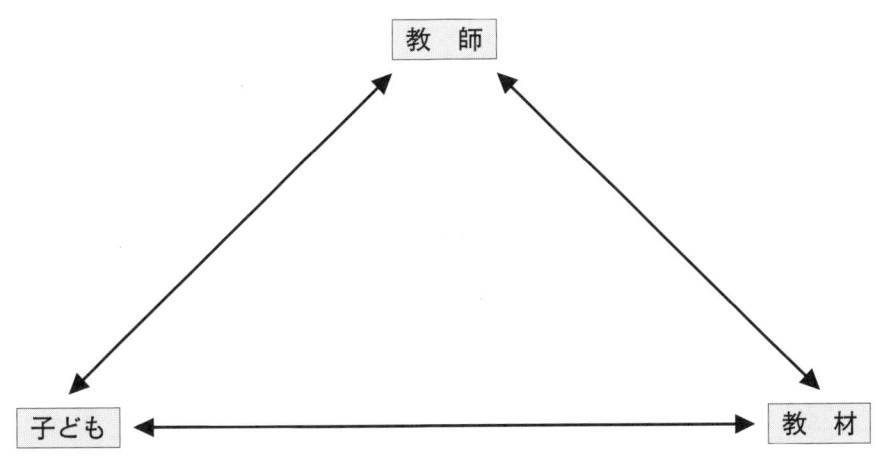

図1　授業の三角形モデル

　この図では，双方向の矢印によって，それぞれの構成要素の間での相互作用を描いている。例えば，教師は，教材を選択する，教材研究することによって教材への働きかけをする。つまり，教師から教材への矢印が成立する。逆に教材への働きか

けによって，教師は教材からいろいろな影響を受ける。それは，授業実践まえの教材研究の時期でもあり，授業実践の中においても起こる。教材から教師への矢印である。子どもは，授業の中で教材へかかわって学習活動を進めるが，教材から様々な事がらを学ぶ。ここに，子どもと教材の間で双方向の矢印が成立する。また，教師は，子どもへ直接的に働きかけることも多い。その働きかけに対して子どもは応答し，教師へ働き返すことになる。これが，もっとも簡略化して捉えた，授業の基本的な構造である。

次に，この授業の三角形モデルを念頭に置きながら，授業の特徴を考えてみよう。

2　授業の特徴と教材・教具

特別支援学校では，教育課程に基づいて子どもたちへ教師からの様々な働きかけがおこなわれている。筆者は，かつてそのような様々な働きかけを図2のようにまとめている[2]。ここでは，学校での様々な働きかけ全体は，個別の指導計画に基づく指導である。この指導は，その目標と方法によって，治療，授業，訓練にわけられる。それぞれの方法は，治療的方法，授業的方法，訓練的方法である。いずれの方法によっても，子どもが学習することをもとめるものである。いずれにしても，子どもの成長を願ってのことである。

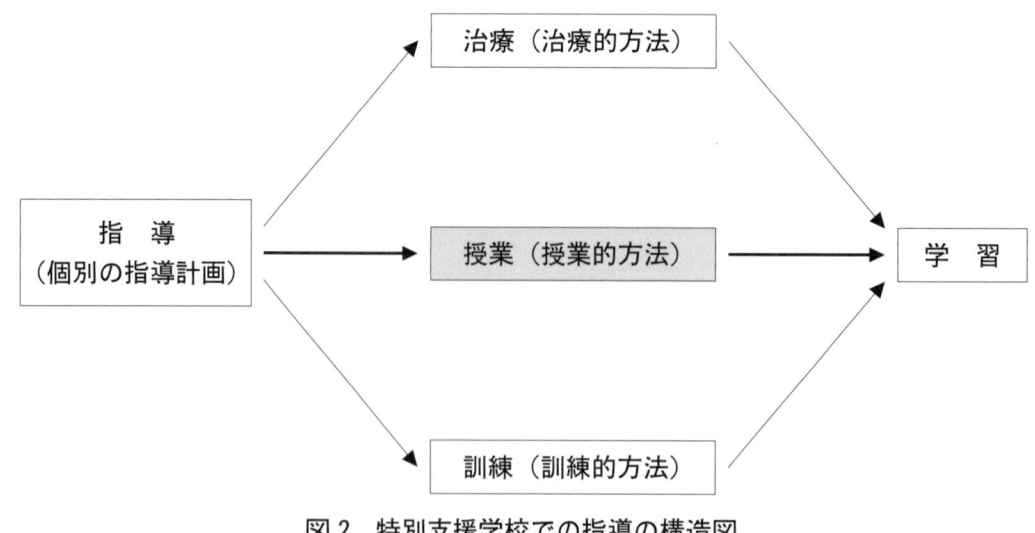

図2　特別支援学校での指導の構造図

I 教材・教具活用の意義と重要性

　この中で，授業の特徴は，教師が教材を媒介にして子どもに働きかけるところにある。もちろん，教材を媒介にしての子どもへの働きかけは，教師から子どもへの一方的なものではない。授業は，教師と生徒とが共同して教材の学習（研究）にとりくむ活動なのである[3]。
　ここで，教材と教具，あるいは教材・教具という言葉の使い分けに触れておこう。
　筆者はかつて次のように述べてきた。教材は，授業目標を達成するための文化的素材の資料的側面を意味するが，これに対して教具はその道具的な側面を意味している[4]。しかし，実際の授業では資料的側面と道具的側面を分離することは出来ない。すなわち，教材・教具として子どもには提示される。例えば，小学校の主な教材は教科書である。資料は教科書という本の形で子どもたちに提示される。この場合には，本という道具的側面には注意が注がれないので，その資料的側面だけが強調され，文章も本も一緒にして教材と言われる。つまり，どのような文章であるかという教材に焦点化される。
　これまで，障害児教育の現場では，子どもが主体的に学習活動を展開することに腐心してきた。そのために，子どもが直接にかかわる教具に主に実践者の関心が注がれてきた。障害児教育の教材・教具の研究は，主に教具の研究であったといえる。本書でも，実践を重視する視点から，教材と教具を分離して捉えるのではなく，教材・教具という使い方をする。したがって，ここまで述べてきた「教材を媒介にした」働きかけ（指導）という言い方は，「教材・教具を媒介にした」働きかけと言い直しておく。

3　教材・教具を媒介にした指導の意味

　数年前のことである。ある知的障害養護学校で研究授業が行われた。対象授業は，高等部1年生の音楽である。生徒が20名で，教師10名によるチーム・ティーチングであった。教材として取り上げられたのは，「エーデルワイス」である。よく知られているように，映画サウンドオブミュージックの中で歌われた曲である。
　本時の全体目標は，
「・曲に合わせて大きな声で歌ったり，楽しんで身体表現をしたりする。」
であった。この目標を受けて，一人ひとりの本時の目標が設定されている。自閉症

のA君は、「音楽を聴く事も歌う事も好きで、声量豊かに歌う事ができる。リズム感もよく楽器の演奏も上手である」とこれまでの様子が記されてあった。そして、その本時の目標は、次のようであった。

　「・曲想を考え、どなったりせず、皆と調子を合せて歌う。」

　授業案の中では、「曲詞に合わせて優しく歌う」ということに対して、教師の指導の手だては、「エーデルワイスの花に語りかけるように歌うことを伝える」ということになっていた。実際の授業では、授業を進行している教師が生徒全員の前に立ってエーデルワイスの花の絵を提示しながら、「こんな白い小さなエーデルワイスの花に語りかけるようにやさしく歌いましょう」と説明がなされた。また、皆でピアノの伴奏で歌うときに、A君の右前から教師が両方の手のひらを下向きにして上下させながら「やさしくね。やさしくね」と繰り返して話しかけていた。A君は、3度目に皆で歌うときに優しい声で歌っていた。本時の目標である「どなったりせず、皆と調子を合せて歌う」ことができていた。

　「やさしくね」と言いながら、教師が腕を上下した動きは、授業の三角形モデルでは、教師から子どもへの矢印である直接的な働きかけである。その結果だろうか。あるいは、ピアノ伴奏や教師、他の生徒によって歌われた歌、またエーデルワイスの花の絵といった教材・教具がよかったのであろうか。「どなったりせず、皆と調子を合せて歌う」という行動は、教師の「やさしくね」という直接的な働きかけで学習することができた、と参観者である筆者は思った。

　しかし、目標の表記の中には「曲想を考え」とある。この目標は、どのようにすれば達成されるのであろうか。教師は、生徒にどのように教材を提示し、どのような教具を工夫して伝えればよいのだろうか。

　このことに関わる記述が、学習指導要領解説にある。

　「曲想を感じ取る」ことに関して『特別支援学校学習指導要領解説—総則等編（幼稚部・小学部・中学部）』[5]では、中学部音楽科内容（2）において、「『音楽を聴いて感じたことを動作で表現したり』という記述がある。これについては、「音楽の曲想や雰囲気を感じ取り、イメージをつくりながら、自由に身体表現することであり、その際、一人一人の個性を生かし、表現活動の幅を拡げ、自ら表現しようとする意志や心情を大切にすることが重要である」と解説されている。

　このことは、生徒が教材にかかわるように、教師が教材の提示の仕方や教具を工夫していかなければ出来ないことである。

4 教材・教具の提示の工夫

　研究授業で参観する場合に，筆者は，授業が始まると，まずどのように教材・教具が子どもたちに提示されるかを見る。例えば，中心指導の教師が子どもたちに，まず「今日は，バスで○○ランドに遊びにいくよ」と誘いかける。すると補助教師が，教室の後ろ側の仕切りとして使われているカーテンを引き開ける。そこには，先生たちが合板で作ったバスがセットされている。すぐ立って，バスに近づいていく子，目を見開いて手をたたき見いる子，表情を変えず，チラッと一瞬だけ目を向ける子など，視線の向け方はさまざまである。しかし，それまでカーテンで隠してあったことが効果的に働き，この子どもたちの関心は確実にバスに向けられていた。ここでは，子どもたちにカーテンを使って，いっきに見せたのが提示の工夫である。
　このことを明和養護学校の例で見てみよう。小学部3年生の研究授業「音楽」を参考に考えてみる。
　対象の児童数は13名で，教師は5名である。題材名「鳴らそう！　踊ろう！」で50分の授業が行われた。題材の目標のうち，Ⅱグループについては，「音楽を聴いて楽器を鳴らしたり曲想を感じ取って表現したりする」が挙げられている。Ⅱグループは，13名のうち「活動内容がわかれば意欲的に参加しようとする」7名の児童である。この7名のうち，B児について，題材の目標をみると，「曲想を感じ取って楽器を鳴らしたり身体模倣をしたりする」となっており，本時の目標は，「音楽の静動を感じて鳴子を鳴らす」であった。本時は，全7時間中4時間目である。
　ここでの教材は「夏祭り」であり，この曲に合わせて鳴子を鳴らしながら身体表現することが学習活動である。この教材は，「曲に合わせて大きな動きで鳴子を鳴らしながら身体表現して動きがわかりやすい掛け声をかける」，「音楽の静動に合わせて声の大きさ，動きの大きさを変える」という中心指導者の働きかけ（教授行為）によって，B児やその他の子どもたちへ提示される。
　この学習活動にかかわる指導の手だての主なものは，表1のようである。B児に関しては，その手だては，「静動の表現を言葉や動きの示範で伝える」と記述されている。

表1 指導の手だて等

学習活動	指導の手だて・支援
5 身体表現「夏祭り」 ・基本の動きを教師を見て模倣する ・鳴子をもって身体表現する	・基本の動きを取り出して示範し一緒にするように伝える（T1） ・自ら身体模倣することが難しい児童には，手を添えて動きを伝えたり目の前で見本の動きをしたりする（T2-5） ・曲に合わせて大きな動きで鳴子を鳴らしながら身体表現して動きが分かりやすい掛け声をかける。音楽の静動に合わせて声の大きさ，動きの大きさを変える（T1） ・終わった雰囲気を保てるように静かに鳴子を返して席につくように伝える（T1）

＊T1は中心指導者，T2-5は各補助指導者を示す。

　授業研究会では，授業者から「曲想を感じる」という目標がかなり難しいものであったことが語られていた。しかし，B児の本時の目標に関して，評価規準としては，「示範を見て音楽の静動を感じて表現する」が挙げられており，本時では「曲想を感じる」が「音楽の静動を感じる」と捉えた上で，「音楽の静動に合わせて声の大きさ，動きの大きさを変える」という教師の働きかけ（教材の提示）がなされたのである。

　このような教師の働きかけによって，B児は教材にかかわり，「音楽の静動を感じる」ことが出来ていたのである。ここでは，教材から「曲想を感じる」工夫がされていたといえよう。

　どのように教材・教具を子どもたちに提示するか。子どもたちと教材・教具の出会いをどのように演出するか。これは，教材研究の問題である。

5 教材・教具の意味と重要性

　授業は，教材・教具を媒介として，教師も子どももともに教材の学習に取り組む活動である。そうすると，教師と子どもの間に教材・教具が存在する意味は何であろうか。

　教材が存在する場合は，子どもが直接自分自身で教材に対面でき，そこから知識などを発見したり獲得したりできる[6]，といわれる。まさに，教材・教具を媒介することで，子どもが自ら学習活動を展開していく可能性が開かれるということである。

　例えば，先の音楽の授業で「曲想を感じ取って楽器を鳴らしたり身体模倣をしたりする」という目標の達成には，教師の教材・教具の活用（教師の働きかけ）が重要な意味を持っていた。学習指導要領解説[5]にいうように，一人一人の個性を生かし，表現活動の幅を拡げ，自ら表現しようとする意志や心情を大切にし，音楽の曲想や雰囲気を感じ取り，イメージを作りながら，自由に身体表現することが重要である。そのために，対象の子どもの発達や経験を考え，障害の特徴を考慮して教材・教具をどのように活用するか，工夫が必要である。子ども自身が教材に自らかかわり，学習していくためには，教材・教具をどのように活用するかが大事である。

　明和養護学校中学部の国語「物語を読もう」では，昔話を教材にして授業を行っていた。教材の物語はプリントされて，生徒たち（自閉症，5名）に提示されていた。この場合，プリントに工夫がされていて，文章の段落が次のページにまたがらないようになっていた。自閉症の子どもは，自ら情報を整理して捉えることが難しいと言われる。段落ごとにページにまとめることで，この生徒たちの理解度は違っていた。また，高等部の家庭科では，市販の料理本を教材にしていた。料理の手順を間違いやすい生徒に対して，番号を記入した付箋を料理本に貼り付けていた。ちょっとした活用の工夫である。この工夫によって，生徒は，教師にその都度指図されるのではなく，手順を間違わずに調理を進めていた。

　教材・教具をどのように活用するか。子どもの側についていえば，子どもの発達，経験，障害の特徴を考慮して教材・教具を工夫することが重要である。ここは，授業の専門家としての教師の腕の見せどころである。

授業においては，教材・教具が大きな役割を果たす。そのことを見てきたわけである。しかし，その教材・教具を生かす，まさに活用するためには，気をつけなければならないことがある。
　このことを児童精神科医であった十亀史郎[7]は，自閉症の子どもの認知の特徴を挙げて注意を喚起している。
　それは，自閉症の子どもには，部分認知の傾向があることから，「全体の中の一部分，特徴的な一部分をとらえることはうまくいくけれども，全体像をとらえることはうまくいかない。」そのために，教材でばかり学習させようとすると，そのような学習の仕方ばかりでは自閉症の子どもをバラバラにしてしまう危険性があるという。
　同じ意味合いで，ウタ・フリス[9]は，断片化という言葉で自閉症が認知する世界を描いている。ウタ・フリスは，「知覚の世界が統合されず，断片化されたらどうなるか」と問いかけている。そして，アルゼンチンの著名な作家ボルヘスのある男の物語の比喩的な一文を引用して，自ら答えている。
　「彼を悩ませたのは，三時一四分のある犬（横から見た）が，三時一五分のその犬（正面から見た）と同じ名前をもたねばならないことだった。」
　この犬に対する経験は，常に異常で思いもよらないことが多いため，すぐに恐怖心を引き起こした。さらに，実際の事例として，5歳のときレオ・カナーによって自閉症と診断されたジェリーの経験を挙げている。ジェリーは次のように言ったという。
　「安定して見えるものは何もなく，すべては予測がつかず，奇怪だった。特に生き物は，大きな問題だった。犬は不気味で恐ろしかった。」
　目に触れるもの，自分の前に立ち現れる世界が，ばらばらでつながりなく，意味を見出すことに困難であったら，全てが奇怪であり，恐ろしいものに見えてしまうだろう。
　提示された教材・教具も断片化した世界の一部である。だから，十亀史郎[7]は，次のように言う。
　「この教材を生かすためには何といっても，やはり，相手が人格ある一人の人間であるという大きな前提を忘れてしまってはいけないですね。」
　これは，教材・教具を媒介して子どもとかかわるときに，教材が「彼の障害を乗り越えるための課題性をもった問題を提供する役割は果たしても，所詮はその教材を通して，子どもと自分とのかかわりを深めるというつもりで」，指導者は考えて

いることが重要であり，そのように教材・教具を使用することである。それは，教材・教具を機械的操作的に取り扱ってはいけないことをさしている。

やはり，ありきたりの結論であるが，教材・教具を活用するときには，教材研究が必要であるということになる。しかし，教材研究は，子どもがその教材をどのように認知するかを含めて考えることである。

私たちが，教材・教具を活用するということは，すでに目の前にある教材・教具を用いて授業を展開するということである。そう考えると，教材研究における教材解釈を行うということである。教材発掘や教材づくりではない。例えば，本書に記載されている教材・教具から選択し，授業を構成して，展開するということである。その場合に，選んだ教材・教具をどのように解釈するかが重要になる。

6 学習指導要領にみる教材・教具

> 児童の知的障害の状態や経験等に応じて，教材・教具や補助用具などを工夫するとともに，コンピュータ等の情報機器などを有効に活用し，指導の効果を高めるようにするものとする。

平成21年3月に告示された特別支援学校の学習指導要領[8]では，「第2章 各教科」の第2款「知的障害者である児童に対する教育を行う特別支援学校」の「第1 各教科の目標及び内容」に続く，「第2 指導計画の作成と各教科全体にわたる内容の取扱い」の5に，上記の項がある。

これは，今回の改訂で新たに追加された項目である。

特別支援学校学習指導要領解説[5]では，「この項は，知的障害のある児童の指導に当たって，教材・教具や補助用具やコンピュータ等の情報機器の活用が有効であることから，今回の改訂で新たに追加した」とある。

教材・教具が，補助用具やコンピュータ等の情報機器と並べて，その活用が有効であると記されている。そうすると，ここで活用が期待されているのは，教材・教具というより，明らかに教具に重みがかかっている。

この文章に続いて，①使いやすく効果的な教材・教具，②実際に使用する用具，

を使ったりすることが重要であると，次のように説明されている。

「知的障害のある児童に対する指導に当たっては，一人一人の児童の知的障害の状態や経験，興味・関心などを踏まえるとともに，使いやすく効果的な教材・教具を用意したり，実生活への活用がしやすくなるように，できるだけ実際に使用する用具などを使ったりすることが重要である。」

従来から知的障害教育の分野での教材研究は，教具研究であった。その流れの中で，「実生活への活用がしやすくなるように」「実際に使用する用具」を使うことが重要であると言われると，教室は日常生活の品物であふれるかもしれない。教室をのぞくと，黒板に絵カードや写真カードが溢れているように，生活必需品が所せましと並ぶかもしれない。

30年近く前の研修会で，元教師であった人の話を聞いた。あるとき，その元教師は路上で久しぶりに卒業生に偶然に出会った。いろいろと話すうちに，その卒業生は働いているのであるが，寒い冬の朝にも，焼かないパンを食べているという。

元教師は卒業生に尋ねた。

「高等部のときに，先生とトースターの使い方を勉強したよね。トースターを使えるでしょう。」

卒業生は，

「はい，トースターの勉強をしました。」

と答えた。

元教師は，少しその頃のことを思い出した。確かに，A君の家では，そのとき学校のトースターと同じ物を買ったと聞いた。

「あの時，君は学校のトースターと同じ物をかってもらったんだったよな。あれはどうした。」

しばらく考えていた卒業生は，

「あれは，壊れてしまいました。」

いろいろと話を聞いた元教師は，教室で使ったのと同じものが壊れて以来，新しいトースターはあっても使えないと言った卒業生の，悲しげな顔を思い出すという話であった。

教師は，授業づくりの中で，「実際に使用する用具」が教材・教具として適しているかどうか，どのように授業の中で使用するのか十分検討することが重要である。「使いやすく効果的な教材・教具」が，「効果的」であると評価できるのは，生きる力につながる授業目標を達成するものであるか否かである。

7 自作教材・教具の機能性とその活用

　最後に，教材・教具の活用について考えてみよう。

　小学校や中学校では，主な教材は教科書である。そこに記載されている教材で授業を行うとき，当然のこととして教材解釈がなされる。それが不十分であると，授業の展開もうまくいかずに，授業目標に向かう，子どもたちの学習活動は不活発になってしまう。

　教材・教具の活用も，まさに解釈から始まるわけである。とりわけ，教具の場合，その活用を考えることは，授業の中での使い方を考えるということになる。どのような使い方がどのような授業目標の達成につながっていくか，十分な研究が必要である。

　〈活用〉とは，単にあるものを使用することに留まらない。国語辞典には，活用について，「そのものが本来持っている働きを活かして使うこと」とある[10]。それぞれの教具の本来持っている働き（機能性）を活かして使うことである。実際には，それぞれの教具の機能をきちんと分析して，目標との関連をはっきりさせることが大事である。

　例えば，シンプルな教具である「棒さし」にも，抜く学習もあれば，さす学習もあり，対人関係を意識した学習もできる。棒さしの棒をどのように扱うか。すなわち，教師は，その教具に備わっている機能性を引き出してどのように捉えるかによって目標も違ってくる。棒さしの多目的性が指摘されている[11]。棒さしの多目的性を，そのねらいからまとめると，表2のようになる[11]。

　これは，その教具に属する機能性を目標のほうからいい表わしたものである。

　あるねらいを持ってつくられた自作教具であっても，出来上がったものの機能や使い方の分析を進めていくと，他のねらいもあることに気づかされる。教具は，使い方によってそのねらいが異なってくる。ねらいによって，使い方を変えることが必要である。

　授業目標と教材・教具は一対一の関係ではない。その関係は，使い手である教師によって決まるのである[12]。それだけに，教師は教材研究を，また教材解釈を深めなくてはならない。

表2 「棒さし」の操作的ねらいと対人関係におけるねらい

操作的なねらい	対人関係におけるねらい
① 棒の先端を見る ② 穴に注目する ③ 見たところに手を持っていく ④ 手の動きを目で方向づける ⑤ 抜いた棒を決められた場所に置く ⑥ 並べておく，順番に置く ⑦ 「端」から順番に置く ⑧ 操作の終わりを実感する ⑨ 隣の穴との連続性を意識しながらなめらかに目を動かす	① 指さしに相手の意図を感じて応じる ② 抜いた棒を人に手渡す ③ 課題の達成を共有しようとして人を見る

＊立松の表は，「操作的ねらい」と「対人関係におけるねらい」とは別であったが，ここでは1つにまとめた。

〈文献〉
1) 横須賀薫, 編:『授業研究用語辞典』, 教育出版, 1990
2) 太田正己:『障害児のための個別の指導計画・授業案・授業実践の方法』, 黎明書房, 2003
3) 柴田義松, 編著:『授業と教材研究』, 有斐閣, 1980
4) 太田正己:『深みのある授業をつくる―イメージで教え，事実で省みる障害児教育』, 文理閣, 1997
5) 文部科学省:『特別支援学校学習指導要領解説―総則等編（幼稚部・小学部・中学部)』教育出版, 2009
6) 宮原 修:「教材，教具」（細谷俊夫，他編)『新教育学大事典2』, 第一法規, 1990, pp.438－440
7) 十亀史郎:『十亀史郎著作集（上・下巻)』黎明書房, 1988
8) 文部科学省:『特別支援学校幼稚部教育要領 小学部・中学部学習指導要領 高等部学習指導要領 平成21年3月告示』海文堂出版, 2009
9) ウタ・フリス（冨田真紀，他訳)『自閉症の謎を解き明かす』東京書籍, 1991
10) 山田忠雄, 他『新明解国語辞典 第5版』, 2000
11) 立松英子『発達支援と教材教具―子どもに学ぶ学習の系統性』ジアース教育新社, 2009
12) 太田正己『普段着でできる授業研究のすすめ―授業批評入門』明治図書, 1994

II

自作教材・教具の活用

日常生活の指導

日常生活の指導

ボタンを留めるよ！
ボタン花・マジックとんぼ・ファスナーバス

ボタン花

マジックとんぼ

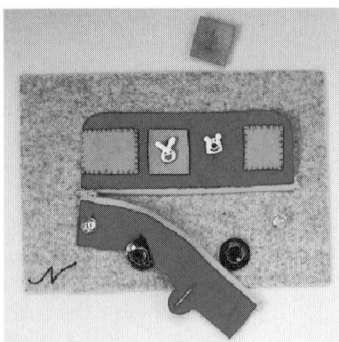
ファスナーバス

　ボタンを留めることや，マジックテープの付け外し，ファスナーを止めたり外したりできるようにすることがねらい。

材料・工具

- フェルト，各種ボタン，マジックテープ，ファスナー，スナップ，刺繡糸
- 断ち切り鋏，ピンキング鋏，針，糸，ミシン

作り方

ボタン花

① フェルトを，断ち切り鋏やピンキング鋏で花や葉の形に切る。
② 土台のフェルトに葉を刺繡糸で留め，茎を刺繡する。
③ 土台のフェルトにボタンを縫い付け，花の真ん中に切込みを入れる。

マジックとんぼ

① 土台のフェルトに体と羽の位置に黄色と水色のマジックテープをミシンで縫い付ける。目の位置にボタンを縫い付ける。
② フェルトを頭の形に切りボタン穴の切込みを入れる。水色のフェルトを羽の形に切り，裏にマジックテープを縫い付ける。
③ 体が縞模様になるように，黒のマジックテープを切る。

Ⅱ　自作教材・教具の活用

ファスナーバス

① 赤いフェルトをバスの形に切り，真ん中にファスナーを付ける。前後の窓を縫い付け，バスの裏にスナップを縫い付ける。
② 土台のフェルトにバスを留めるスナップを縫い付ける。動物やライト，タイヤのボタンを縫い付ける。
③ バスにライトやタイヤ，窓の位置にボタン穴の切込みを入れる。

使い方

① 難易度は，ボタン花（ボタンばかり），マジックとんぼ（マジックテープとボタン），ファスナーバス（ファスナー，スナップとボタン）の順に難しくなる。子どもの実態に応じて使っていく。
② どの教材も初めは完成した形で提示し，外すことから始める。
③ それから，ばらばらになった部分をパズルを組み立てるように，ボタンを留める，マジックテープをくっつける，ファスナーを閉める，スナップを留めるなどして，元の完成形に復元する。

子どもの様子・変化

- 衣服の着脱に苦手意識があったAくんも，この教材には意欲的に取り組めた。
- ボタン花のボタンは大きさも厚みもいろいろなので，花のボタン穴はどのボタンでも通るように大きめに切込みを入れてある。だから子ども達は，比較的簡単に外したり留めたりすることができる。Aくんは自分で「できた！」と喜び，「つぎ，きいろいお花をするよ」と言って，達成感を味わいながら楽しんで取り組んだ。
- 同じように，Aくんはマジックとんぼ，ファスナーバスにも意欲的だった。とんぼの目とバスのタイヤは，ボタンの大きさに対してボタン穴のゆとりを少なくしてある。難しそうだったが，何とか通そうと頑張っていた。バスの裏のスナップを外すのには，指先の力が必要なので一番難しそうだった。
- Aくんは，この教材を使い始めてから，毎日の着替えに対する苦手意識がやわらいだようだ。3カ月間に上着の大きなボタンだけでなく，ポロシャツやブラウスの小さなボタンの留め外しや，ファスナーの開閉もできるようになった。
- Aくんは少し自信がついたようで，表情もとても明るくなった。

日常生活の指導

ひも結びが上手になるよ
ひも結び練習用エプロン

手元を見ながら，しかも分かりやすい指示のもとでエプロンのひもを結べるようになることをねらった教材。

ひもを結んでいる間に，エプロンが落ちてしまわないよう，エプロンにゴムをつけました。

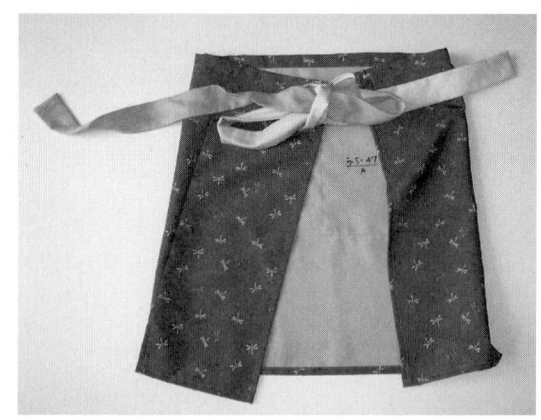

材料・工具

既製のエプロン，色の違う細長いひも，ゴム

作り方

① 既製のエプロンのひもを取る。
② 左右色の違うひもを替わりに縫い付ける。
③ エプロンの左右の端にゴムを縫い付ける。

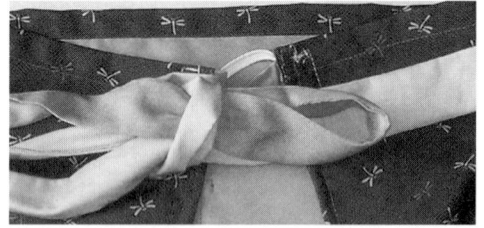

使い方

① まずは，結ぶ方を前にして見えるところでひもを結ぶ練習をする。
② 教師が生徒と一緒に練習する時に「これを持つ」「そこをひっぱる」といった言葉は使わず，「○色を持つ」「△色をひっぱる」など，対象のひもを色名で伝えるようにする。
③ 一人で結ぶ時にも，手にするひもを色で判断できる。

子どもの様子・変化

・エプロンが落ちていかないので，安心してひもを結ぶ練習ができた。
・手元を見ながら一人でエプロンのひもを結ぶ様子が見られた。手にとるひもが目で見てわかりやすいようだった。
・比較的短期間で結べるようになった。

Ⅱ　自作教材・教具の活用

自分の係が分かるよ
係活動かばん

　教室にあるかばんを見るだけで，自分の係が分かり，進んで取り組むことができるようになることを狙ったもの。

材料・工具

　種類の違うかばん（係の数），色画用紙，透明ガムテープ

作り方

① 　各児童の係を決める。
② 　それぞれの授業で使う教材をかばんに入れ，係の児童の名前と授業名，たとえば「おんがく」などを色画用紙に書き，透明ガムテープでかばんに貼る。

使い方

① 　かばんは教室の入口に児童が取りやすいように掛けておく。
② 　朝の会でその日の時間割を確認するとき，係の児童の名前と仕事も確認する。
③ 　児童が自分からかばんを見たり，持ったりして係の仕事をするように促す。
④ 　自発的に係の仕事をしたときに，きちんとほめる。

子どもの様子・変化

・児童は係の仕事内容を理解してだんだん声かけなしでも仕事ができるようになった。
・かばんを持ったり，かついだりすることで，児童自身に仕事をしているという気持ちが生まれ，自信を持って生き生きと仕事を行っていた。
・かばんそのものが視覚的に仕事内容を表し，児童にとってわかりやすいようだ。

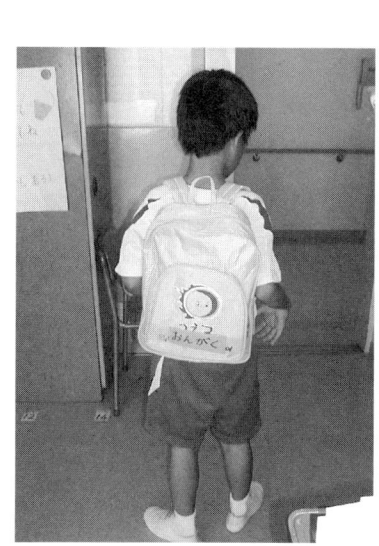

日常生活の指導

活動に見通しを持たせるために
着替えが終わった，さあ遊ぼう！

一つの活動が終わったことと，次の活動を視覚的に分かりやすく示すことができる。マジックボックスのような作りがポイント！

材料・工具

本体

- 合板……厚さ 12mm 程度のものと，厚さ 5mm 程度のもの。
- 豆球……赤，青，黄，緑，各 1 個。
- 導線
- アクリル板……120mm×40mm ほどの大きさのもの（4 枚）
- キャタピラ，モーター付き……キャタピラがついているショベルカーなどのおもちゃの部品を利用。
- 電池と電池ボックス……キャタピラ用と豆電球用の 2 種類。
- 面ファスナー
- 金属片……空き缶を切ったもの。木カード A 用のスイッチを作るため。

カード

- 木カード A（120mm×40mm）……「きがえ」「しごと」等，課題が書いてあるものを必要枚数。
- 木カード B（120mm×120mm）……「あそび」など次の活動が書いてあるものを数枚。
- ラミネートしたカード（30mm×30mm）……子どもの写真，数字カード等。

作り方

① 250×400×300mm の箱ができるように，12mm シナ合板と，箱内部の棚板（5mm の合板），木カード A，木カード B をカットしておく。

② 箱内部の棚板に，木カード A を置くと電気が流れるスイッチ（1 カ所に豆電球用とキャタピラを動かすモーター用の 2 系統）を 4 カ所作る。キャタピラを動かす電流は 4 カ所のカードが全て入ると流れるようにしておく。

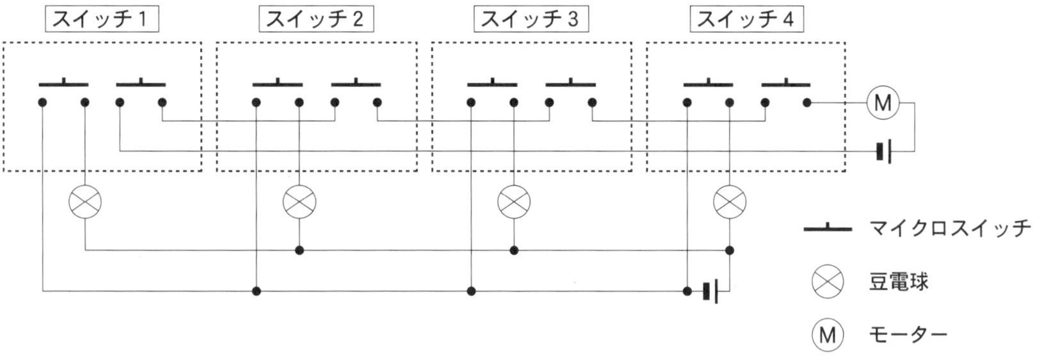

③　前面の板に，木カードA差込口と木カードBが出てくる口，豆電球をはめる穴を開ける（木カードBの口の高さは，キャタピラに木カードBを乗せた高さ）。
④　木カードA差込口の裏側上部に，アクリル板等を使って，木カードAの押さえを付ける（スイッチがしっかり入るように）。
⑤　箱を組み立て，内部には木カードAの差込口に合わせて②で作った棚を付ける。電気系統を仕上げる。
⑥　裏面は，蝶番などを使って開くようにしておく。
⑦　木カードに課題や活動を書く（文字やシンボル，色，数字など）。
⑧　児童の顔写真や色別カード，1～4の数字カード（30mm×30mm程度の大きさ）をラミネート加工し，前面の木カードAの差込口の上に面ファスナーで付くようにする。

使い方

①　カードを差し込むと豆電球が点灯する。カードを全部差し込むと同時にモーターが回り，次の活動のカードが出てくる。
②　学習の場面で，1～4個の課題が終わるたびにカードを差し込んでいく。最後のカードを入れると次の活動のカードが出てくる。
③　着替えが終わった後，遊戯室へ遊びに行くという場面で，友だちの着替えが終わるのを待つ。最後の児童が「着替えカード」を入れると「あそびカード」が出てきて，4人揃って遊びに行く。

子どもの様子・変化

クラスメイトをあまり意識せず，クラス全員が着替え終わるまで待てなかった児童が，他の児童が着替えて，カードを入れ終わるまで待っていることができた。ライトが点灯する，自動的に次のカードが出てくるなどのような機械仕掛けは，児童にとって面白いものなのだろう。あそびのカードが出てくることがわかると，それを楽しみに課題を済ませるようになった。

日常生活の指導

視力検査がスムーズにできるように
視力検査用アイマスク

　片手で自分の目を押さえて視力検査をすることが難しい児童生徒でも，簡単に検査をするための教材。

　見た目もかわいくし，扱いやすいところがポイント。

材料・工具

　アイマスク（市販のもので，できれば児童生徒の頭の大きさに合わせて着けられるようバンドが調節機能付きのものがよい），フェルト，マジックテープ

作り方

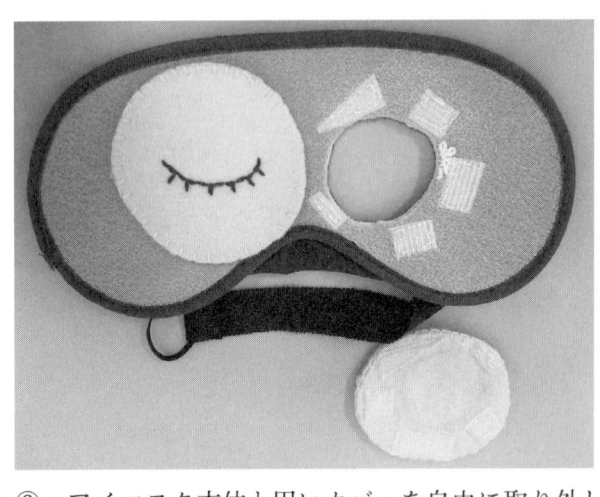

① アイマスクの目が当たる部分を丸く切り抜く（直径約4cm）。

② アイマスクの切り抜いた円よりもひとまわり大きく切った，丸いフェルトを4枚用意する。

　うち2枚に，目を閉じた時のように刺繍も入れる。

　縫い目で目を傷つけることのないよう，別のフェルトを重ねて縫い合わせる。

③ アイマスク本体と円いカバーを自由に取り外しができるよう，アイマスク本体の円く切り抜いた周りと，カバーの裏面の周囲にマジックテープを取り付ける。

使い方

① 最初に測定する方の目のカバーを取り外し，児童生徒に視力検査用アイマスクを取りつける。

② 測定が終わったらカバーを元の位置に戻し，次にもう一方のカバーを取り外して視力検査を始める。

子どもの様子・変化

・両手がすっきりと空いて視力検査に集中して取り組めるようになった。
・カバーには目を閉じた時のようにかわいく刺繍も入れてあるので，いやがらずに当てることができた。
・このアイマスクの使用前は，遮眼器の使い方が難しく姿勢も崩れがちで落ち着かない様子だったが，しっかりと前方を見て集中した様子で絵カードを選ぶことができた。

視力検査のこと

　年度初めに行われる数々の諸測定の中に，視力検査がある。

　通常，視力検査では黒くてお玉のような形をした「遮眼器」と呼ばれるものを使って，数メートル先に見える視力検査表のC（ランドルト環）の穴の向きを答える。

　この方法が難しい児童生徒には，次のような方法で視力検査を行うことが多い。

　まず，数メートル先で検査者が犬や鳥，蝶など黒色で描かれた視力検査用の絵カードを児童生徒に見せる。児童生徒は手元の机上に並べられた3～4枚の絵カードの中から検査者が掲げた絵カードと同じものを選択する，という方法である。

　特別支援学校でも，この方法で検査を行うことが多いが，この方法でも児童生徒が，自分で遮眼器を使用しなければならない。

　片手で遮眼器を使って目を正しく覆いながら，もう一方の手で絵カードを選ぶというのは，彼らにとっては至難の業で，うまく遮眼器を目に当てられなかったり，うまく当てられても遮眼器を持つ手に気を取られて，検査に集中できなかったりする例が目立つ。

　紹介したアイマスクを使用することで，こうした状況を改善することができる。

日常生活の指導

トイレットペーパーをうまく使うよ
トイレットペーパーホルダー「まきまきくん」

トイレットペーパーを巻き取って使うことが上手になることをねらった教材。

市販のホルダーの背面に磁石を取り付けてもよいが，安価な材料で自作することもできる。

材料・工具

木材（軽い素材の板，トイレットペーパーの芯に通す円柱状の棒），切り取りカッター（家庭用ラップの切刃），ゴムキャップ（円柱状の棒の径に合わせたもの），磁石（できるだけ強力なもの）

工具（のこぎり，ドリル，釘，木工用接着剤）

作り方

① 背面，側面×2，上面，前面をのこぎりで切り出す（側面を五角形にして前面を傾斜させる）。
② 円柱状の棒の径に合わせて側面にドリルで穴を開ける。穴の大きさと棒の径に差がないほうが，ペーパーの巻取りがスムーズになる。
③ すべての面を接着剤でつなげ，釘で補強する。
④ 円柱状の棒の長さを，両側にゴムキャップが取り付けられる程度にはみ出すよう調整し，のこぎりで切る。
⑤ 前面の裏側に横幅に合わせた切り取りカッターを貼る。背面に磁石を取り付ける。

使い方

① トイレットペーパーの巻き取りが苦手な子どもに，教室で指導を行う際に使用する。
② 教室の黒板などに設置し，汚れを拭き取る，鼻をかむなどの場面での使用を促す。

子どもの様子・変化

トイレでの様子を見ることができない指導者の異性の子どもに対しても指導できた。また，磁石で壁面に取り付けるようにしたことで移動させることができるため，さまざまな体勢で使用でき，身近なトイレの状態に合わせて指導が可能だった。

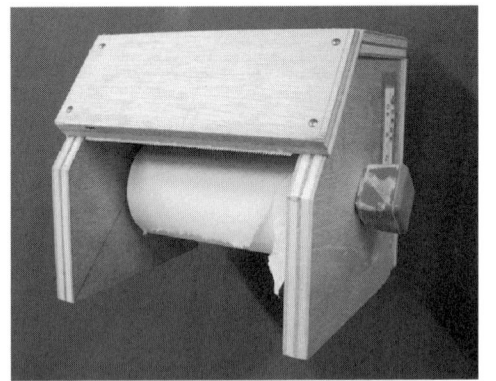

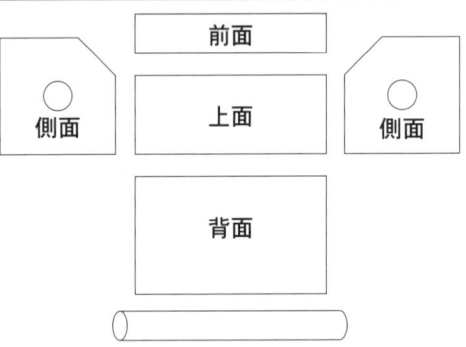

生活単元学習

生活単元学習

誕生会を楽しもう
デコレーションケーキ

楽しい華やかな誕生会にするために、みんなでおもちゃのケーキを作る。

豪華にデコレーションをして、楽しもう。

材料・工具

発泡スチロール、スポンジシート、強力両面テープ、フェルト、面ファスナー、カラーひも、綿、ビーズ

スチロールカッター、裁縫道具一式

作り方

ケーキ本体

① 発泡スチロールを、スチロールカッターで成形し、3〜4段のケーキ本体の土台を作る。
② 土台の上面、側面に、両面テープでスポンジシートを貼る。
③ 土台の上面に合わせて面ファスナー（ループ側）を切る。同様に土台の側面に合わせて、フェルトを切り、2枚を中表にして縫い合わせ、土台にかぶせる。
④ カラーひもなどで、側面を飾る。

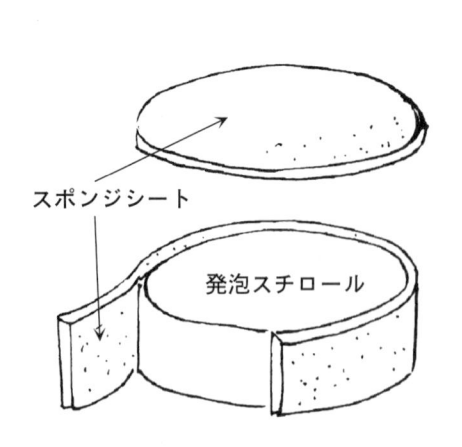

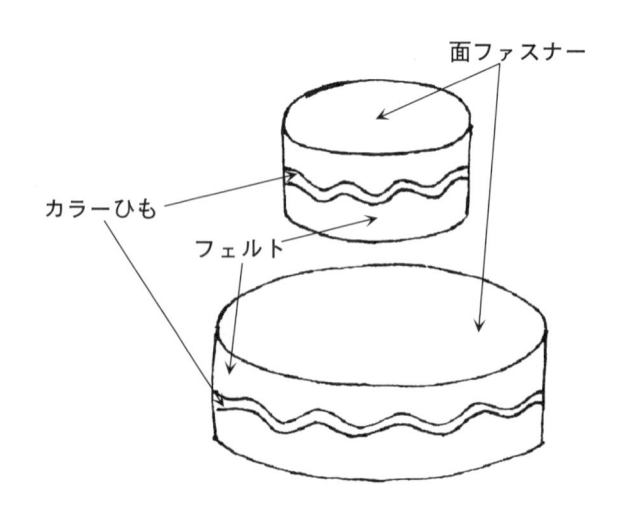

Ⅱ 自作教材・教具の活用

ケーキのパーツ

いずれもフェルトで作成し，底に面ファスナー（フック側）をつける。

いちご 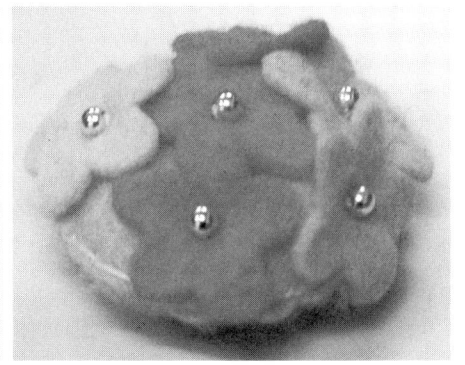　　　　　　　　　　　　花飾り

ろうそく 　　　　　　　　　　　クリーム

使い方

① 誕生会の準備として皆でケーキの上面に飾りをつける。
② 順番に飾りをつけてもよいし，一人で作り上げてもよい。
③ 前もって作っておき，雰囲気を盛り上げるために飾ることもできる。

子どもの様子・変化

- 誕生日にケーキを食べるという体験をしている児童が多く，作り物のケーキであっても目を輝かせていた。ケーキの上の面は面ファスナーの布地を使っているため，いちごやクリームなどのパーツのつけ外しが自由である。多少揺れても取れることはない。
- 最初の頃は戸惑っていた児童も活動を繰り返すことで理解でき，どこに何を貼ろうか工夫するようになった。
- 人気があるので，ホワイトクリームのケーキの他に，チョコレートクリームのケーキ，クリスマスケーキと，3セット製作した。

生活単元学習

ゆらゆらケーキで遊ぼう
ゆらゆらケーキ

　ゆらゆら揺れるように作ってあるケーキの本体に，いろんな飾りを乗せていくと，ケーキが傾く。

　誕生会やクリスマスなどケーキを食べる行事などで楽しめる。

材料・工具

　紙粘土（軽量紙粘土，普通の紙粘土），絵の具，スプレーニス，ろうそく，クリームのしぼり器

　発泡スチロール，段ボール，白い紙など

作り方

飾り
- 紙粘土でイチゴやパイナップル，みかんなどの形を作り，色を塗る。
- 丸めた紙粘土にろうそくを刺す。
- クリーム状にした粘土をクリームのようにしぼり，固まったものを土台の粘土につける。

土台
① 発泡スチロールを直径25cmほどに丸く2枚切る。
② 段ボールを15cm程度の幅に切り，①の2枚の発泡スチロールが上面，底面になるようにして巻きつけて貼り円柱を作る。全体を白い紙で覆う。
③ 別の発泡スチロールで直径10cmと4cmほどの丸を切り，②の円柱の底面の中心に合わせて，大きいものから貼る。

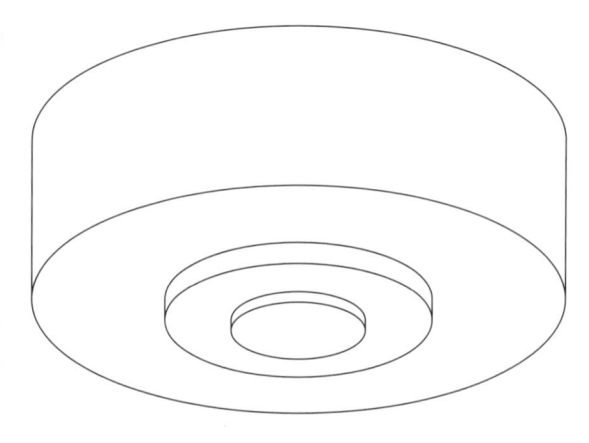

Ⅱ 自作教材・教具の活用

バランスがとれるよう調整する。
④ 飾りをのせて，ゆらゆら感を確認し，底につける発泡スチロールの大きさを調整する。

使い方

① チーム対抗で行う。チームの中で順番を決め，すきな飾りを選び，バランスを考えて土台のケーキの上に置いていく。
② 土台が傾いて，端が机上に着いてしまったらアウト。アウトになるまでに載せた各チームの飾りの数を競い合う。

子どもの様子・変化

- 飾りは生徒と一緒に授業の中で製作した。重みを作るために，重みのある紙粘土を利用し，ゆらゆらしやすくなるよう工夫した。
- 生徒は楽しんで製作し，いろんな飾りがたくさんできた。
- 誕生会でクラス対抗のゲームとして使用した。ルールや動きが簡単で，ケーキを飾り付けていく楽しさを味わえた。
- 何回か体験することで，本体のどこに飾りを置くか，どんな飾りを選ぶかを考える子ども達も出てきて，ゲームをとても楽しんでいた。
- 生徒と一緒に製作するときは，紙と紙粘土などがよいかもしれない。素材を工夫すれば，壊れにくいものが作れる。

生活単元学習

どきどきゲームをしよう
どきどきちょうちん

　お楽しみ会などで，みんなでゲームするときに使う。小石を選んで入れていくと，ある時突然ちょうちんが開いて，ガッチャーン！　わくわく，ドキドキのゲーム。

材料・工具

ちょうちんの顔の部分
　調理用プラスチックボウル2個，針金，強力磁石6個，厚紙，和紙，ヤスリ

ちょうちんの顔を支える部分
　角材，板，釘，ガムテープ

その他
　小石（川原や海岸に落ちている丸みを帯びていて角がないもの30～40個）
　落ちてきた小石を受ける金だらい

作り方

① 　プラスチックボウル2個を，ちょうちんの顔の上部・下部として使う。下部に使うボウルの口の大きさに合わせて切った厚紙をボウルの口に貼り付け，厚紙の3カ所（口先，右端，左端部分）に磁石をしっかりつけておく。

② 　上部に使うボウルの底の部分（ちょうちんで言えば頭のてっぺんの部分）を切り抜く。小石を子どもたちが入れるところなので怪我をしないよう，切り口は十分にヤスリをかけておく。

③ 　下部のボウルに貼り付けた磁石の位置に合うように，上部のボウルの口にも3カ所磁石を貼り付ける。

④ 　上部のボウルの後ろ側（ちょうちんの後頭部側）に角材を入れ込む穴を開け，支柱となる角材を取りつける。
　　ある程度の小石の重量に耐えられるようバランスをみながらしっかりとした支柱になるようにする。

⑤ 顔の上部と下部の後ろの部分を針金でつなげ，口が開閉できるようにする。
⑥ 最後にちょうちんらしく顔には白い和紙を全面に貼り付け，雰囲気が出るように怖そうな目や真っ赤な唇も紙等でつける。

使い方

遊ぶ人数は，クラス単位の2，3人から，学年のお楽しみ会など10人前後でも楽しめる。
① どきどきちょうちんの顔が見えるように半円形になって囲むように座る。
② 一人ずつ順番にちょうちんのそばまで行き，一個ずつ小石を慎重に入れていく。
③ ちょうちんに小石がどんどんたまってきて口元の強力磁石がその重みに耐えられなくなったその時，ガバッと口が開いて金だらいに小石がガッシャーンと大きな音を立てて落ちる。

子どもの様子・変化

学年のお楽しみ会などで，この大きな「どきどきちょうちん」を使ってよく遊んだ。子どもたちは，自分の順番の時も真剣な表情だが，友だちが小石を入れる場面もドキドキしながらよく注目していた。

何回かやればやるほど，怖さがわかってきて耳をふさぎながらこわごわ小石を入れる児童や，おそるおそるそーっと力加減を調節して入れる児童など様々だった。

どきどきちょうちんの口には，強力磁石を上部，下部に3個ずつ使って口を閉じるようにしてあるが，3個ずつだとかなりの個数（40個近く）の小石を入れないと口が開かない。

遊ぶ人数が少ないときや，子どもたちが集中できる時間や様子に応じて磁石の個数を減らす（下部の口先の磁石を外し左右だけにする）ことで，口が開くまでの時間を調節することができる。

生活単元学習

シャボン玉を作ろう
シャボンマシン〈パンダちゃん〉と〈ゾウさん〉

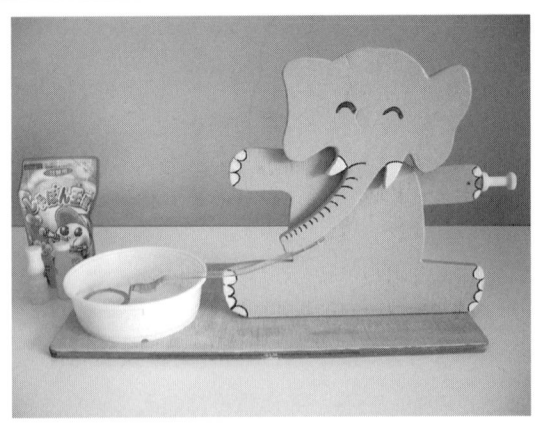

ストローを吹いてシャボン玉を作らなくても大丈夫。パンダちゃんやゾウさんを動かして、シャボン玉遊びができる。

材料・工具

　ベニヤ板，ビス，ゴムひも，絵の具，ニス，木工用接着剤，アクリル板，シャボン玉遊びセット（大きなシャボン玉を作るリング状のもの）
　糸鋸，ドライバー

作り方

① 　ベニヤ板にゾウやパンダの頭，胴体，腕などの形を描き，糸鋸で切り取る。
② 　ゾウは，腕の上下の動きが，顔の回転運動になるようにクランクでつなぐ。

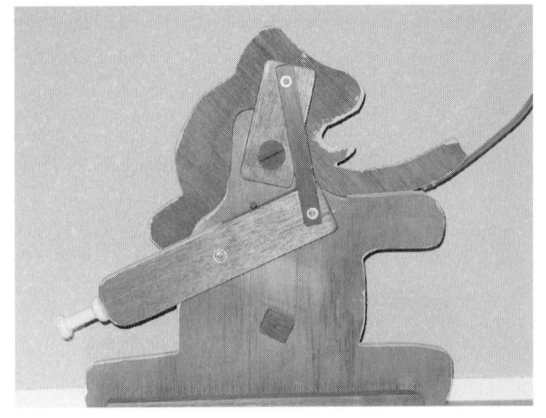

Ⅱ 自作教材・教具の活用

③ パンダは，右腕と左腕が歯車で連動する仕組みを作る。左腕を回転（右回り）させると，連動し右腕が下がる。歯車は，円の一部にだけ歯をつけたものにし，左腕を半分ほど回転させると，歯車から開放されるようにする。右腕が下まで下がり，歯車から開放された瞬間，跳ね上がるようにゴムをつける。ゴムを張る強さは，実際にシャボン玉作りをしながら調整する。

④ 出来上がったゾウやパンダの体を台となる板に設置する。
⑤ 市販のシャボン玉遊びのセットにあるリングをゾウの鼻，パンダの腕につける。その際，リングとの間を薄いアクリル板でつなぎ，弾力性を持たせる。

使い方

トレイに適量のシャボン液を入れる。

ゾウさんは，左腕を上下して顔を回転させ，シャボン玉を作って遊ぶ。腕を動かすスピードが遅いとシャボン玉ができないので，最初は教師が手を添えて，適度な動かし方を教えていく。

パンダちゃんは，左腕を回転させて右腕をトレイまで下げる。さらに左腕を回転すると，右腕が跳ね上がり，シャボン玉ができる。

子どもの様子・変化

子どもたちの前でこの教材を使って，シャボン玉を作って見せると，「おもしろそう」「わたしもしてみたい」という感じで集まってくる。

すぐに，「こうやってぞうの腕を動かしてごらん」「パンダの腕をまわしてみよう」と動かし方を教える。パンダちゃんは，ゴムの強さを超えて腕をまわさなければならないので，少し力がいる。ゾウさんは，動かすスピードが遅いとなかなかシャボン玉が作れない。

教師と一緒に何回も行ううちに，うまく作れるようになっていく。シャボン玉ができた時は，子どもたちはとても嬉しそうだった。

生活単元学習

的当てをしよう
的当てバズーカ砲

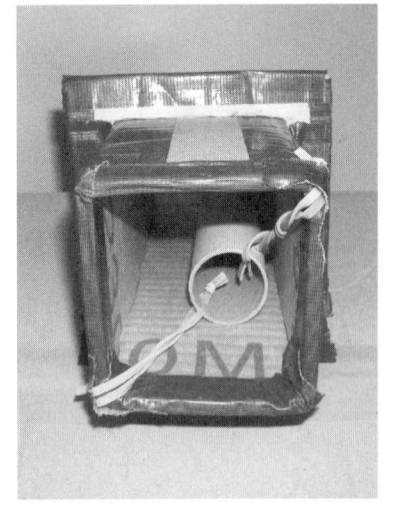

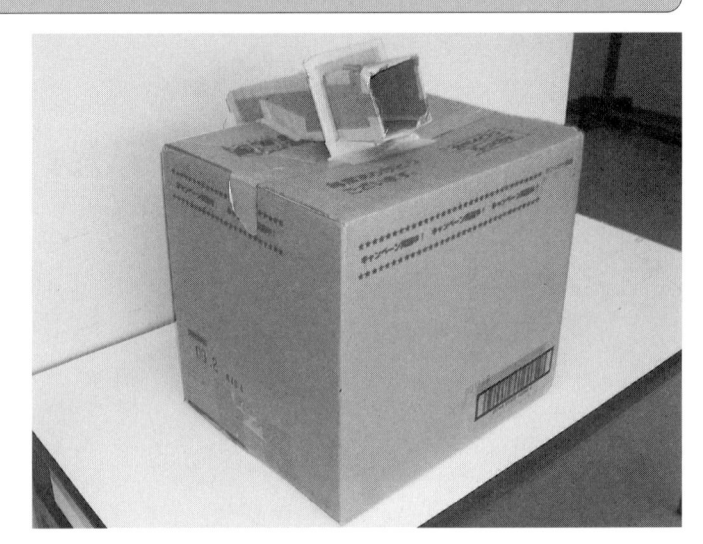

ボールを投げたりするのではなく鉄砲のような道具を使って的当てをする。簡単に作れて，楽しめるところがポイント。

いろいろな発展形が考えられる。

材料・工具

バズーカ砲
　　ダンボール箱2個，ラップ芯，太めのゴム，プラスチックボール数個（直径6cm）

的
　　板目表紙，牛乳パック，台所用スポンジ，写真（お菓子）を印刷した紙

その他
　　カッター，ガムテープなど

作り方

バズーカ砲
① 厚めのダンボールを36cm×30cmに切り，9cm間隔で折り目の線をカッターで入れる。
② 線に沿って折り曲げて直方体にし，ガムテープを周囲に貼って補強する。
③ 正方形のダンボールの中をカッターでくり抜いて，直方体のダンボールにはめ込み，ガムテープで貼る。
④ ラップ芯の一方に2カ所穴をあけ，それぞれにゴムを通して結ぶ。

Ⅱ 自作教材・教具の活用

⑤ ラップ芯を直方体のダンボールに入れて，ゴム部分を外側に出してガムテープで固定する。
⑥ 土台のダンボール箱に切り込みを入れて，鉄砲をはめ込みガムテープで固定する。

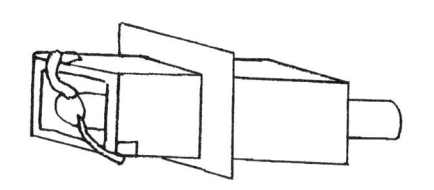

的（少なくても3〜5個作る）
① 牛乳パックの上部を切り取り，左右の真ん中に切り込みをカッターで入れる。
② 土台の板目表紙を21cm×30cmに切り，お菓子の写真を印刷した紙を貼る。牛乳パックをのせてガムテープで固定する。
③ 28cm×32cmの板目表紙にお菓子を印刷した紙を貼り，牛乳パックの切り込み部分に差し込む。

使い方

① ボールを筒の先部分に1個入れる。
② 片手でダンボール箱を押さえながら，もう一方の手でラップの芯を握って下に引く（箱を押さえることが難しい場合は，机などにガムテープで箱を固定するとよい）。
③ 握っていたラップ芯を離す。
④ ボールが飛び出し，ボールが的に当たって倒れる。

子どもの様子・変化

　バズーカ砲の部分をダンボール箱に固定して，ラップ芯の部分を引っ張るだけでボールが飛び出すようにした。

　また，的の土台部分にも的と同じ写真を貼った。的が倒れると，その写真が見えるため，何の的が倒れたか分かるようにした。さらにスポンジの上に的を置くことで的を不安定にし，的を倒れやすくした。

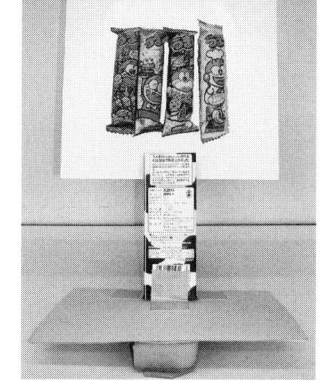

　道具を使って的当てをする経験がなく，最初の頃は握った手を離さない，またはラップ芯を押し出す児童が多かった。活動を繰り返したことで，ラップ芯を離すとボールが飛び出すことがわかり，上手に飛ばす児童が増えた。

　ボールを当てて倒れた的と同じお菓子がもらえるというルールにしたら，子ども達は真剣に的当てを行った。

生活単元学習

楽しく追視ができるように
ころころポトン

らせん状のホースの中をビー玉が転がっていくのを見ることができる。ころころと転がる様子を見るのは楽しそう。場所を取らない，最後まで追視できる，ホースの内径より小さいものは何でも転がせるのがポイント。

材料・工具

板 55cm×55cm（厚さ 7mm），ねじ釘，釘など，透明ホース 7m（直径 30mm），ビー玉数個，木製皿

横丸のこ盤，糸のこ盤，ボール盤，ヤスリ，かんな，木工用接着剤

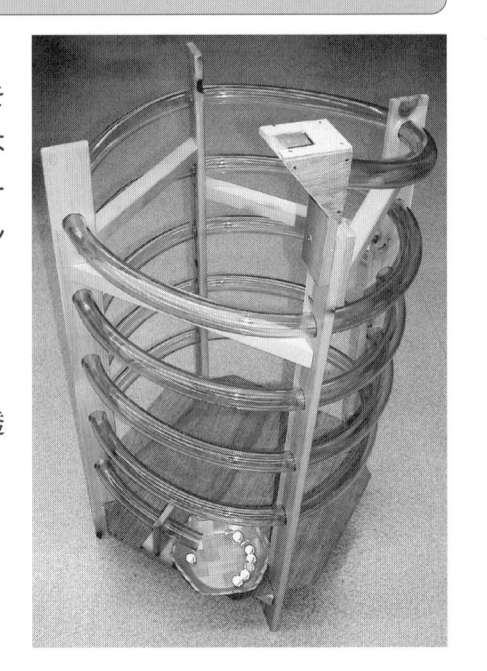

作り方

① 図1のような長さ80cmの木を4本用意し，図の間隔で直径3cmの穴を4つずつあける。
　また，底板をはめ込む部分を糸のこ盤で切り取る。
② 底板の4つ角を糸のこ盤で切り落とす。
③ 底板の切り落とした部分4カ所に，①の長さ80cmの木を立ててはめ込む（ホースがらせん状になるように，位置に気をつける）。
④ 立てた木の間に別の木を当ててねじ釘で固定する（上部と下部それぞれ4カ所）。
⑤ 透明ホースを上の穴から順に通す。
⑥ ビー玉を入れる部分には図2，落ちてくる部分には図3のような木を取り付け，ホースの端を通し固定する。
⑦ ビー玉が落ちる部分に木製の皿を置く。

※使用する木は全てかんな等で角を落とし，やすりをかける。

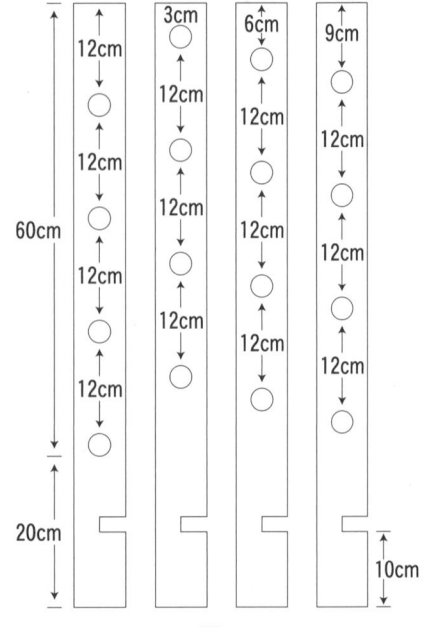

図1

図2

図3

使い方

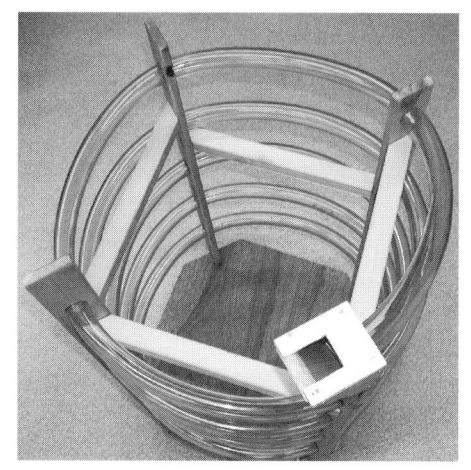

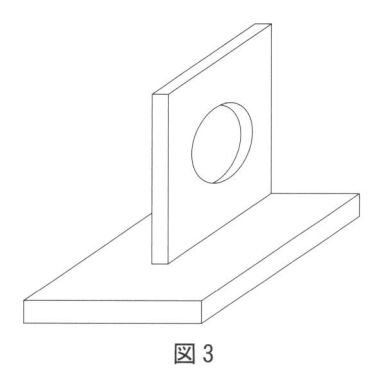

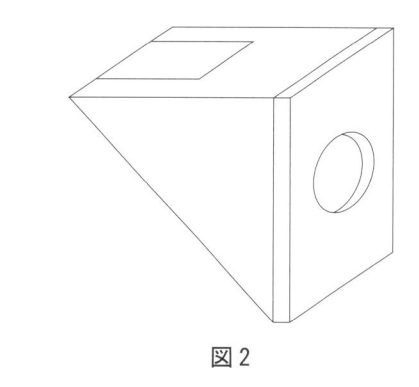

① 教師がビー玉を転がしてみせる。
② 児童にビー玉を手渡し,投入口に入れるように促す。
③ ビー玉が転がる様子を見て楽しむ。

子どもの様子・変化

　教室にこの教材を初めて置いた日,どの児童も,自分から近寄ってきてビー玉が転がる様子を楽しそうに見ていた。教師がビー玉を手渡さなくても,すぐに自分でやり方を理解できた児童が多く,転がり落ちたビー玉を拾っては何度も投入口に入れる姿が見られた。

　数個のビー玉が次々に転がり落ちていく様子は,見ていてとても楽しく,何度も転がしたい気持ちを引き出すことができる。あっという間に,児童が教室で楽しく遊ぶことができる玩具の1つになった。

　時折,ビー玉を口に入れてしまう児童がいるので,注意が必要。

　また,ビー玉が落ちる部分に,当たって音がでる物(鈴や鉄の棒など)があると,さらに楽しい活動ができる。

生活単元学習

じゃんけん遊びができるように
大型じゃんけんマシーン

　子ども自身が使ってもよし，先生が使ってもよし，スイッチを工夫すれば誰でも使えるじゃんけんマシーン。

　大きいから見やすい，必ずグー，チョキ，パーのどれかがきちんと出るのがポイント。

材料・工具

- 古いタイプの3枚羽根の扇風機（風力スイッチがONの状態で電源コードをコンセントにさすと回転する型のもの）
- 羽根に貼る「グー」「チョキ」「パー」の絵柄3枚
- 黒い円盤型磁石9個（極性がはっきりしている物）
- 大きな空き箱（タイトルカバー兼危険防止カバー作成用）
- 透明フィルム（危険防止のためカバーの窓に貼る）
- 照明用ライト（羽根の絵柄を照らして見えやすくする）
- ACリレースイッチ（子どもたちに適したスイッチを使って，AC100Vの機器をコントロールできるようにするもの）

作り方

① 扇風機の前面カバーをはずし，3枚の羽根にそれぞれ「グー」「チョキ」「パー」の絵柄を貼る。

② 3枚の羽根の裏の同じ位置に，回転を妨げないようにバランスよく磁石を貼り付ける。極性はそろえておく。

③ それらの磁石が面するモーター部分に引き合う磁石と反発する磁石をそれぞれ交互に計6個付ける。
　この磁石によって窓から絵柄がちょうど見えるように停止させることができる。

④ 回転部分がすっぽり隠れる大きさの空き箱をカバーにして，絵柄が見えるように窓を開ける。安全のため，窓に透明シートを貼る。
　絵柄が見やすいようにカバーの内側にライトをつける。

使い方

① ACリレースイッチに，じゃんけんマシーンを接続し，子どもに合ったスイッチを接続する。

　一定時間回り続けるためには，ラッチスイッチやタイマーを併用するとよい。

② 羽根が回っている間，音楽がなるとおもしろいので，ACリレースイッチに，再生ボタンを押しておけば電源が入るとテープが動く，古いタイプのテープレコーダーを接続するとよい。

子どもの様子・変化

　この教材で子ども達と一緒にじゃんけんをすると，スイッチを押したりするところを子ども達がやりたがった。スイッチを押すと機械が動くのは，楽しい活動なのである。

　じゃんけん以外にも3つの絵の内容を変えるといろいろ使えるので，他のゲームにも使える。音楽をならすと，一層盛り上がった。

　100円ショップに売っている電池で動く扇風機の中には，磁石を使わなくても，一定の位置に羽根が止まるものがある。小さいものでよければ，それを利用して作ることもできる。

生活単元学習

ボウリングをしよう
倒れたピンが分かる掲示板

本当のボウリング場のように倒れたピンと残ったピンが正面の掲示板で分かる。

臨場感たっぷりのゲーム。

材料・工具

- 木材
- ベニア板
- アクリル板
- マイクロスイッチ
- 自転車用ライト（10個）
- ボウリングピン（10本）
- ボール（子どもの実態に合ったもの）

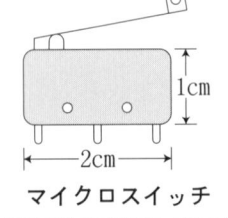

マイクロスイッチ
（電子部品専門店で購入）

作り方

- 表示板をボウリングピンと同じ配置にくり抜き，赤色のアクリル板を取り付け，後ろから自転車用ライトを取り付ける。
- マイクロスイッチをボウリングピンを立てる部分の下に設置し，ピンが倒れたらライトが点灯するように配線する。
- レーン，ボウリングピンを立てる部分，ランプの部分の4つの部分を組み立てる。

使い方

- 普通のボウリングと同様に，ボールを投げて倒れたピンの数，または点灯しているランプの数を数える。

子どもの様子・変化

- ゲームはとても盛り上がった。残ったピンのところが光るのを喜んでみていた。
- 最初に10個のランプが点灯し，倒れたところから消えるようにも配線できる。
- 数の勉強にも，応用することができる。

Ⅱ 自作教材・教具の活用

もちつきの練習をしよう
学習用 うす・きね

　もちつきは，なかなか難しい。本番の前に，ぺったんぺったんと餅をつく感覚，タイミング，杵の振り方などを練習できる。すぐに簡単に作れるところがポイント。

材料・工具

　ダンボール，黄色の布，丸いす，たらい，スポンジ，白いタオル，棒，木目模様の壁紙

作り方

① 丸イスにダンボールをまき「うす」の土台を作る。
② 丸イスの直径と同じ大きさのたらいに黄色の布をかぶせる。
③ ダンボールと長い棒で使った「きね」に木目模様の壁紙を貼る。
④ スポンジを白いタオルでくるみ，「おもち」を作る。

使い方

もちつきの歌に合わせて「きね」で「もち」をつく練習をする。

子どもの様子・変化

　もちつき会の前に「もちつきの歌」を歌いながら2回練習した。
　実際のもちつき会では戸惑うことなく，教師の歌う「もちつきの歌」にのって上手に餅つきができた。

生活単元学習

自動販売機が使えるように
手づくり手動販売機

　自動販売機でジュースを買うのはとても大切な生活スキル。学校で，楽しみながら練習ができるようにと考えて作成。本物らしく作ってあるところがポイント。お金を入れると，ジュースが出てくるよ。

材料・工具

　ベニヤ板，角材（手動販売機本体），アクリル板（料金箱），キャスター（使いやすい角度に移動するため），値札スタンド（値札を取り替えやすいもの），バネ（軟らかめものをホームセンターで購入），蛍光灯（スイッチつきのものをホームセンターで購入），その他に，木ねじ，木工ボンド，アクリル用接着剤，水性塗料

　のこぎり，ドリル，ドライバー，アクリルカッター，ハケ

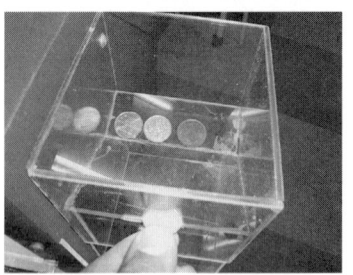

作り方

① 子どもたちが遊びやすく，倒れたりしないように，だいたいの大きさを考える。
② 角材とベニヤ板で外枠（側面と上下部分）を作り，借り組みする。
③ ボタンを押して缶を落とす機構を，外枠の寸法に合わせて作る。

◀ボタンを押し込むと，缶が下に落ちる

II 自作教材・教具の活用

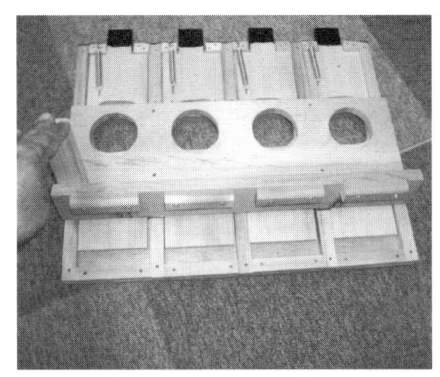

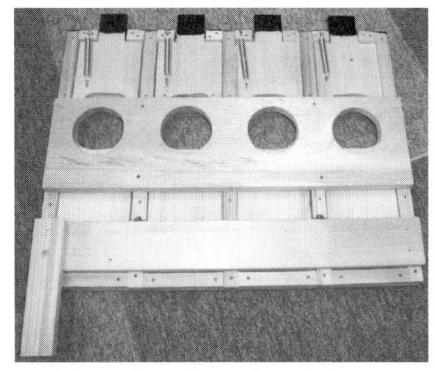

背面のストッパーをはずさないと，ボタンが押せないようにする

④ ②の外枠に，③の缶を落とす機構を取り付ける（取り外しできるようにしておくとよい）。
⑤ 取り出し口，商品陳列部分などをベニヤ板で作り外枠に取り付ける。
⑥ 陳列部分の天井に蛍光灯を取り付ける。
⑦ 取り出し口を除いた前面を板でおおう。
⑧ 適当な色を塗る。
⑨ アクリル板で料金箱，商品カバーを作り取り付ける（取り外しできるようにする）。

使い方

- 決められた金額を入れて買い物をする。
- 正しい金額が入れられたら，背面のストッパーをはずして，ボタンが押せるようにする。
- ボタンを押して，いろいろな商品が出てくるのを楽しむ。
- 販売機の裏側の機構を見て楽しむ。また商品を補充して楽しむ。
- ボタンを押す人と，商品を補充する人で役割を決めて遊ぶ。

子どもの様子・変化

　子どもたちは販売機の裏側をのぞき，缶ジュースが落ちる仕組みを見つける。おそるおそる缶をセットして，ボタンを押してみると，大きな音がしてジュースが飛び出してくる。
　料金箱は取り外すことができる。ストッパーを上げておけば，ボタンを押すことで商品が1つだけ出てくるが，同じところを2回押しても出ないようにした。
　どの子も熱心に裏側をのぞきこんでいた。子どもたちにとって，お金を入れてジュースが出てくる仕組みは，とても興味深いに違いない。
　楽しみながら，自動販売機の使い方を身につけることができた。

生活単元学習

信号を見て渡ろう
歩行者用信号機

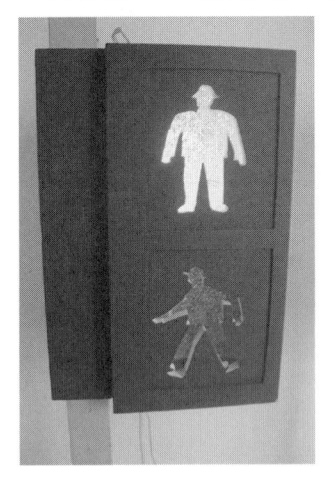

横断歩道を渡るとき，信号に注目するのは，なかなか難しい。

それを校内で練習できるように，開発。子どもが見やすい高さに信号機の位置を変えられるようにして，手元のスイッチで，遠隔操作できることがポイント。

材料・工具

合板（厚さ10mm程度のもの），カラー電球（赤，緑，なるべく明るいもの），コード付きソケット（2個），アルミホイル，アクリル板，信号機を取り付ける支柱用の木材，手元スイッチ付き延長コード（2穴のもの，赤電球，緑電球のコードを差し込む）

作り方

① 信号機の本体用に，合板をカットする。本体裏は，ふたを開けられるようにする。また，本体左側に支柱が通るすき間を作る（細長い合板を3枚使用）。

② 前面用の板に「止まれ」「進め」の人型をくり抜く。アクリル板をくり抜いた部分の裏面につけておく。

③ 本体を組み立て，内側を真ん中で区切って，上段，下段に分けておく。

④ 箱の上段には赤，下段には緑の電球を取り付ける。電球にはコード付きのソケットを使用する。

⑤ 光が目立つように本体を黒く塗る。

⑥ 光が良く反射するように，箱の内側にしわをつけたアルミホイルを貼る。

⑦ 信号機をつける高さに，木材でストッパーをつけてから信号機を支柱に取りつける。

使い方

① 集会やクラスでの交通安全指導に用いる。
② 教師が手元のスイッチを操作し、赤信号、青信号に切り替える。
③ スイッチ操作で、信号が切り替わる前の点滅の状態も再現できる。
④ 子どもの様子を見ながら、信号を切り替えることができる。

子どもの様子・変化

　実際の歩行者用信号機は、横断歩道の先にあり、遠くて高い位置にあるため、しっかり見ることが難しい。

　以前から校内の交通安全指導では、市販の信号機模型を使用していたが、歩行者用信号機が付いていなかった。そこで、本校の父親教材製作会で、手作りの歩行者用信号機を製作してもらった。

　しかしこれは、赤信号か青信号の片方を黒い板で覆い隠すというもので、信号機の横に、つねに教師がいて直接操作しなければならなかった。

　ここで紹介した教材は、この点を改良したものである。

　デザインは、町の歩行者用信号機が、LED式に変わってきていた頃であったため、全体の色を黒として、人型を光らせる方式のデザインにした。

　高さを調整し、子どもの動きに合わせて、点灯状態を教師が手元のスイッチで、遠隔操作できるので、子どもたちにとって分かりやすい指導ができた。子ども自身が、指を指して確認する様子も見られた。

生活単元学習

光る看板で遊ぼう
光る看板

町には光っている看板が多くある。目立つように，いろいろなことを示している。

表面のボードを替えるだけで，いろいろな表示ができる，透過光による看板にしてあるところがポイント。

材料・工具

木材（本体），ケント紙（背面のカバー），カードケース（A3判），蛍光灯（スイッチつきのものをホームセンターで購入）

木ねじ，のこぎり，ドリル，ドライバー

作り方

① カードケースが入るように，木材で枠をつくる。
② ①の枠の後方20cm程度のところに，蛍光灯を取り付けるための木枠を組む。
③ 蛍光灯をとりつけ，ケント紙でカバーをつける。

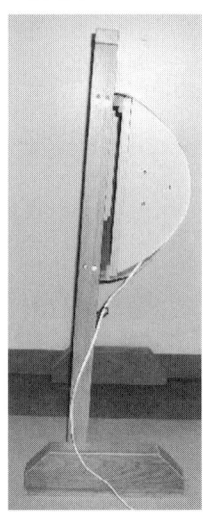

使い方

コピー用紙にいろいろなものを描いたり，印刷してカードケースに入れ，少し暗い場所に飾っておきます。お祭りの提灯や絵灯籠のような雰囲気になります。

自分の描いた絵が入っているのを見つけて嬉しそうにする児童もいました。

カードケースを，たくさん用意して，子どもたちが自由に差しかえできるようにしておいたり，ステンドグラスを飾ったりするのもよいでしょう。

Ⅱ　自作教材・教具の活用

乗り物遊び
町のコミュニティバス「のっティ」

　子どもたちは，大型のキャスターカーに乗って遊ぶのが大好き。

　いつも学校の前を走っていく，そして時々行事の時に利用する，コミュニティバスをまねて作ったのがポイント。

材料・工具

集成材，合板，大型キャスター，木ネジ，塗料など

作り方

① コミュニティバスの実物写真をもとに，各部の寸法を決める。
② 底面の基礎部分にキャスター（前は自在キャスター，後は固定キャスター）を付ける。
③ 前後および窓枠部分を製作する。
④ 天井部分，側面を取り付ける。
⑤ 塗料を塗る。

使い方

・運転手になったり，お客さんになったりして遊ぶ。
・安全のため，教師が押して動かす。

子どもの様子・変化

・手作り「のっティ」バスは，休み時間に順番待ちがでるほど，人気の乗り物になった。
・活動を通して乗車の仕方やバス内でのマナーを学んだ。
・運転手役を交代でできるようになった。
・運転席部分にハンドルをつけたり，運転手さんの帽子をかぶったりするなど小道具が増えると楽しい。

作業学習

作業学習

陶芸キャンドルハウスづくり補助具
作ったパーツをのせるお盆，屋根の成形を補助する台

キャンドルハウス作りに必要な9個のパーツを作り，成形の順番に番号を付けて，製作の順番をわかりやすくする。また，屋根のパーツの成形角度と接着が難しいので，補助具でガイドできるようにしたところがポイント。

材料・工具

お盆（トレイ），布，木材

完成したキャンドルハウス

作り方

作ったパーツをのせるお盆

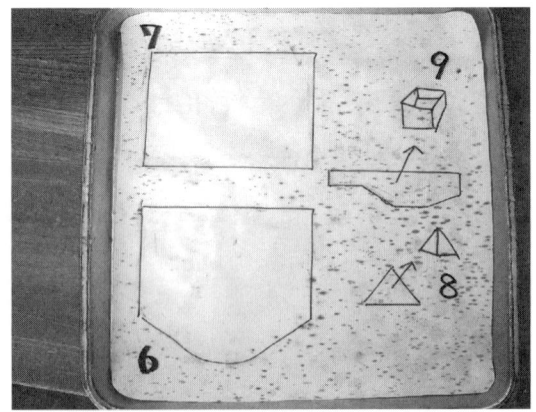

① 給食で不要になったお盆を利用し，大きさに合わせ布を切る。
② 粘土のパーツを置く場所を布にマジックで書く。
③ パーツを成形する順番に数字を書く。

屋根の成形を補助する台

① 屋根の傾斜の角度になるように角材を切る。

使い方

① 粘土をたたら作りで平たく伸ばし，型紙（次ページ参照）に合わせて切り取る。
② 壁の模様をつけた石膏型を粘土板に押しつけ，模様をつける。

③ 「パーツをのせるお盆」のそれぞれの形と同じ場所に載せていく。
④ 土台，壁のパーツがそろったら，1の土台になる粘土板に，2の壁の粘土板から順にどべを使って成形する。

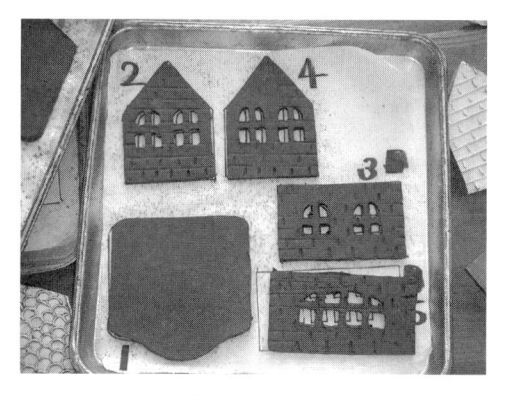

⑤ 屋根のパーツ作りでは，先に8と9の煙突の成形をしておく。パーツがそろったら，6と7の屋根を「屋根の成形を補助する台」を使用して成形する。
　できた屋根に8と9の煙突を接着する。

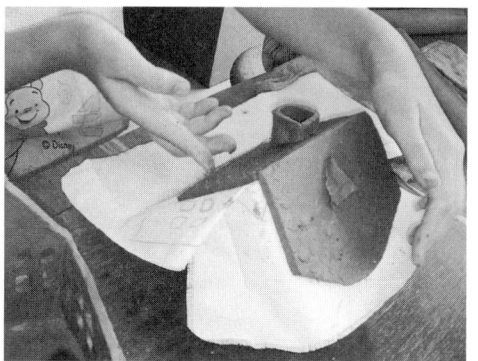

子どもの様子・変化

お盆の中に書かれた場所に1対1対応でパーツをのせていくので，製作に必要なパーツがわかりやすい様子だった。
　番号を手がかりにして，順番に成形していた。

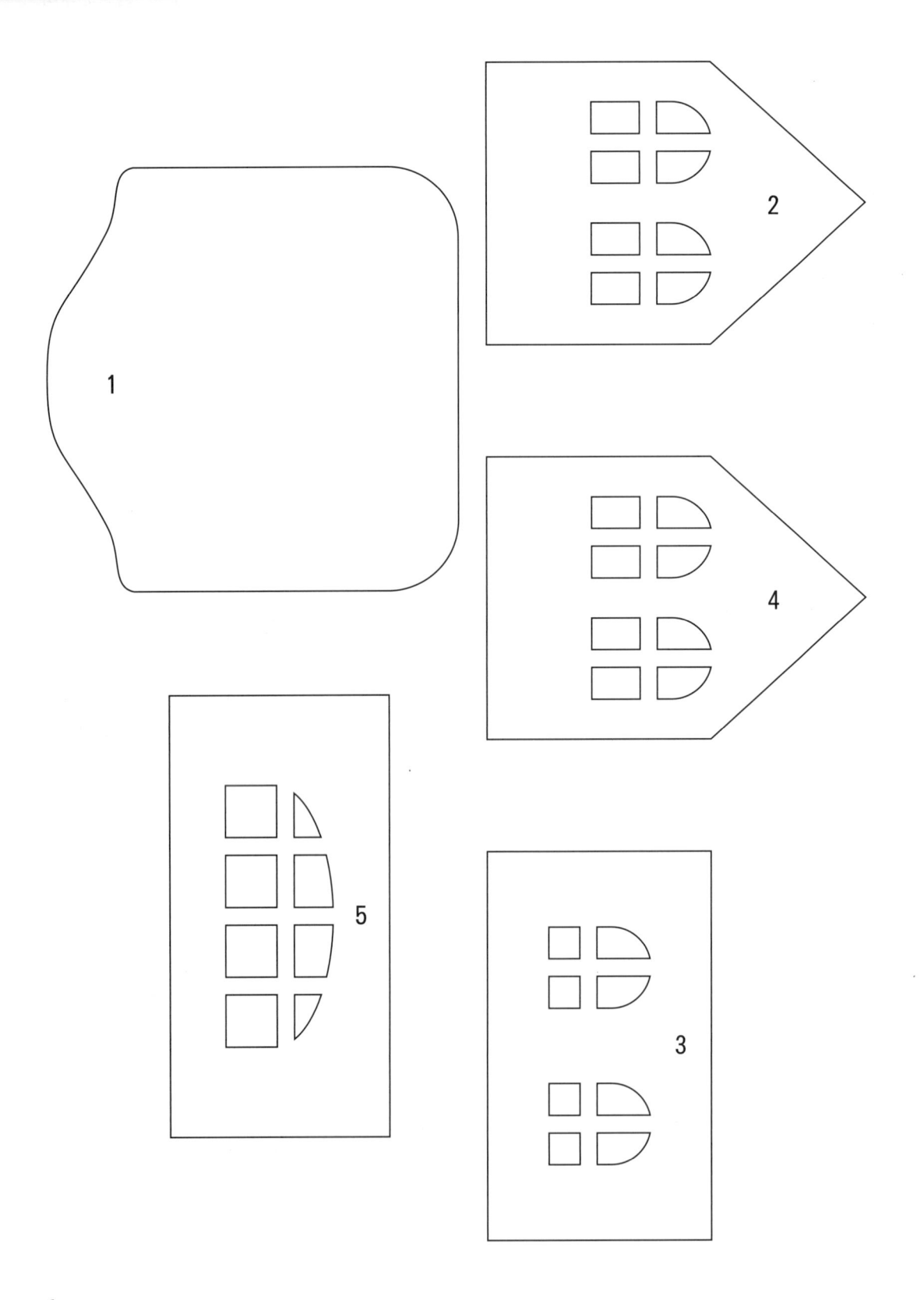

作業学習

Ⅱ　自作教材・教具の活用

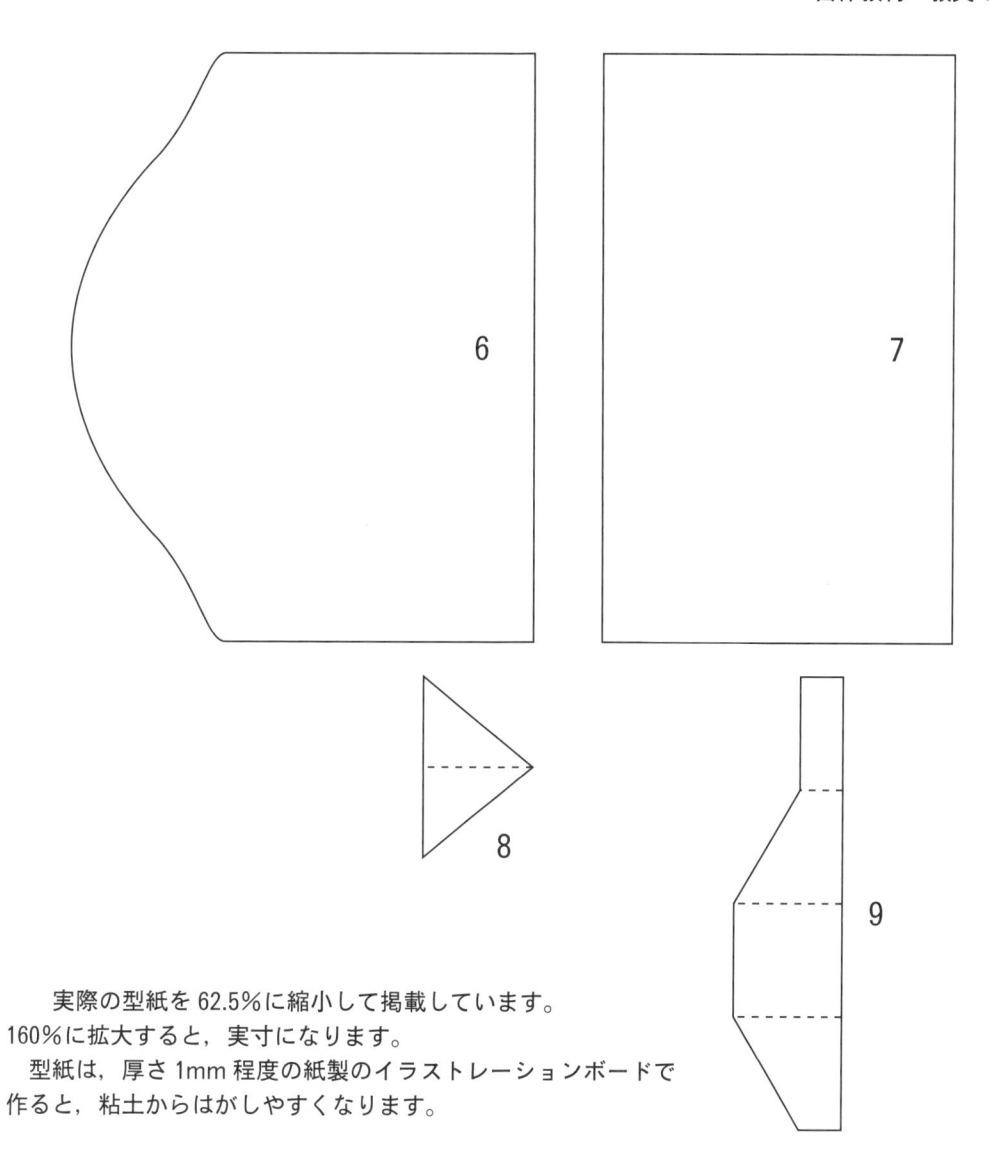

6

7

8

9

　実際の型紙を62.5％に縮小して掲載しています。
160％に拡大すると，実寸になります。
　型紙は，厚さ1mm程度の紙製のイラストレーションボードで作ると，粘土からはがしやすくなります。

作業学習

ステンシルとスタンプ押し補助具
メモ帳づくり

ステンシル　　　　　　　　　　　　スタンプ押し

作業学習で、メモ帳を作るときに使う。メモ帳の表紙にステンシルで模様を描く工程と裏表紙に学校名のスタンプを押す工程における補助具。

材料・工具

ベニヤ合板，集成材，四角の棒材，蝶番2個，クリアファイル，ステンシルシート

作り方

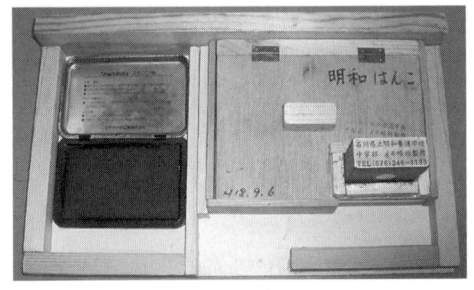

ステンシル

① メモ帳の大きさに合わせて固定台を作る。メモ帳の出し入れがしやすいように、下のふちの中央部分を2～3cm空けておく。
② デザインした模様にステンシルシートを重ね、色ごとにシートを切り抜く。
③ クリアファイルの中央に、模様の大きさの穴を空け、切り抜いたステンシルシートを貼る。
④ ①の固定台の右・左・上に、③のシートをテープで固定する。

スタンプ押し

① メモ帳がぴったり入る大きさに固定台を作る
② ふたを開きやすいように、固定台の下部を少し切り取って空けておく。
③ 固定台の内側にちょうどはまる大きさのふたを作る。
④ メモ帳のスタンプを押す位置に合わせ、ふたにスタンプの大きさの穴を空ける。
⑤ ふたの中央に取手をつける。
⑥ 固定台にふたの上部を2ヵ所、蝶番で取り付けてスタンプ押し部分が完成。

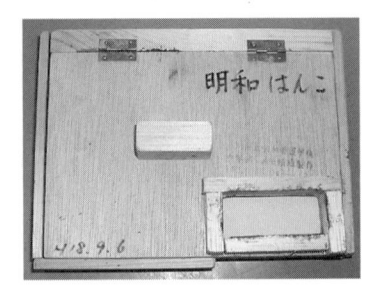

⑦ さらに，⑥のスタンプ押しと，スタンプ台を並べておける大きさのセット台を作る。

使い方

いずれも，できるだけ子ども自身の力で，作業が進められるようにしたものである。

ステンシル
① 3枚のシートを開いて，メモ帳をセットする。
② シートを1枚ずつ順にメモ帳にあてて，1色ずつ刷っていく。
③ 3色刷り終わったら，メモ帳を取り出す。

スタンプ押し
① 固定台のふたを開いてメモ帳をセットし，ふたを閉じる。
② 横のスタンプ台でスタンプにインクをつけ，ふたの穴にスタンプを入れて押す。
③ 文字が写っているのを確認し，ふたを開いてメモ帳を取り出す。

子どもの様子・変化

ステンシルは，はじめのうち1枚のシートごとにずれないように，教師がそばから押さえるなどの支援をしていたが，この補助具を使うようになって位置がずれなくなり，子ども一人でもきちんとインクをつけられるようになった。それによって，能率も上がり，子どもも自信をもって取り組めるようになった。

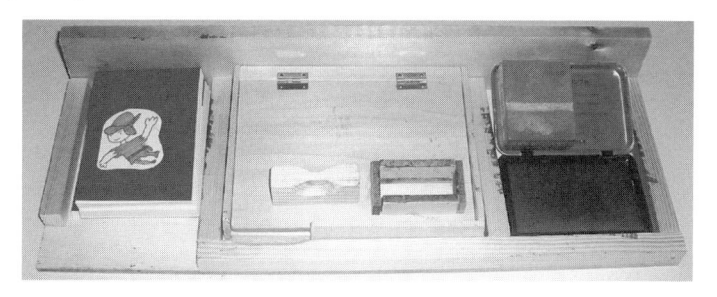

スタンプ押しは，使っていく過程で少しずつ改良を加えていった。当初はスタンプ押しの部分のみだったが，スタンプ台とセットにすることで，「メモ帳を手に取り，固定台にセットし，インクをスタンプにつけて押す」という一連の流れが一人で行えるようになった。

その後，さらに，スタンプを押した後のメモ帳を並べておく台も作って，全体を1つのセットにし，完成までの流れを机上で整理した。

作業学習

活動に見通しを持たせるための補助具
見通しを持って紙すきの作業ができるように

　牛乳パックの再利用として，紙をちぎって紙すきの作業を行うときに使う。作業時間内に何枚紙をちぎったか，何枚紙をすいたのか，作業時間内にいくつしたら終わりなのかなど，子どもが見通しを持って主体的に活動できるようにするための補助具。

紙ちぎりの活動量を知るための補助具

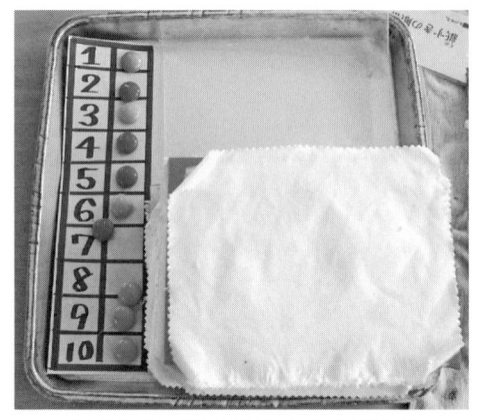

紙すきの回数を知るための補助具

ちぎった紙の大きさを測るための補助具

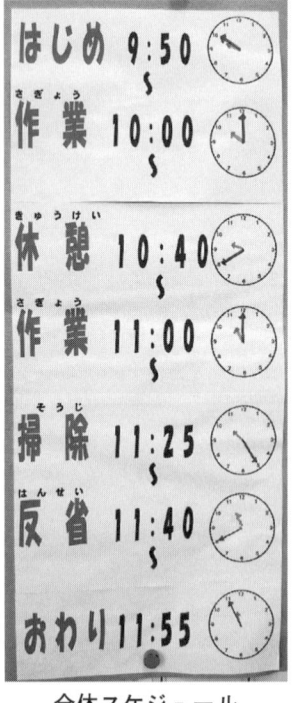

全体スケジュール

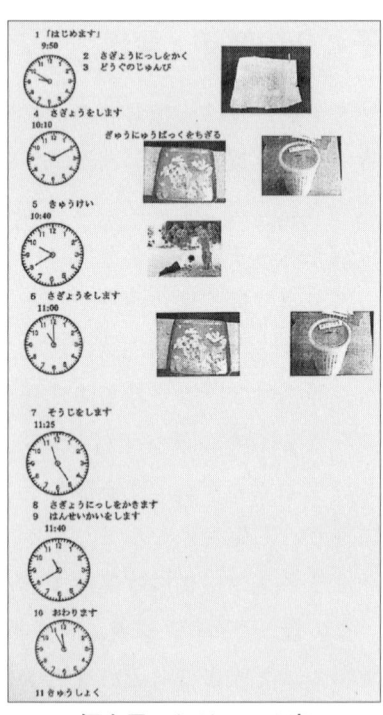

個人用スケジュール表

材料・工具

ちぎった紙を入れるケース，洗濯ばさみ，お盆（トレイ），マグネット，空き缶など

使い方

紙ちぎりの活動量を知るための補助具

ちぎった紙を入れるケースに，数字のシールを貼っておき，1枚終える毎に牛乳パックにつけておいた洗濯ばさみを，ケースの数字のシールの上にはさんでいく。

紙すきの回数を知るための補助具

紙を1枚すいていくごとに，表の数字の横にマグネットを置いていく。

ちぎった紙の大きさを測るための補助具

空き缶の蓋に，紙ちぎりで目標とするサイズの紙が入る大きさの細長い穴を，カッターで開けたもの。ちぎった紙を，この補助具の穴に入れてみて，入らない場合は，再度，入る大きさになるまでちぎる。

全体スケジュール表と個人用スケジュール表

作業を開始する時に，時間と時計の絵を用いて，作業時間を記載したスケジュールを子どもたちに提示する。

作業中は子どもの手元に時計を置き，何時になったら終わるのか，その時間に印をつけておく。活動の区切りを理解する補助具として，スケジュールとの関連を持たせながら活用する。

また，文字や時計がある程度わかる子どもには，作業日誌を兼ねた個人用スケジュール表を合わせて提示する。活動内容の写真の下に，目標とする回数の○を書き入れておく。1つ終えるごとに，○にシールを貼って，何回したら終わりなのかを確認しながら作業を進める。

子どもの様子・変化

数や大きさの概念を理解することが難しい子どもにとって，その目安となる大きさや数を具体的に提示したり，数える補助具を活用したりすることは重要な支援である。繰り返すことで自らの活動に見通しを持って取り組めるようになっていった。

また，スケジュールの提示によって活動の順番や終わりが理解でき，次の活動を，自ら確認する姿も見られるようになり，落ち着いて活動に取り組むことができた。

作業学習

特大姿見
身だしなみのチェックのために

作業実習棟の入り口にある。大勢の子どもたちが，身だしなみをチェックできるように，超大型にしたところがポイント。

材料・工具

大鏡（縦1760mm×横1500mm），防散フィルム，支柱や枠となる角材，木ネジ，丸型平ワッシャー，振動を吸収するためのゴムやスポンジ，支柱用発砲スチロールカバー，両面テープ，塩ビ板（無色透明）など

作り方

① 大鏡を採寸し，設置可能な壁の状況を調べる。
② 鏡の表面を洗浄し，防散フィルムを貼る。
③ 大鏡を取り付ける木枠を製作し，木製の壁面に直接取り付ける。その際，木枠の周囲および大鏡の裏に，振動を吸収するためのゴムやスポンジ，支柱用発砲スチロールカバーを取り付ける。

使い方

中学部と高等部職員，作業学習担当者に，身だしなみ指導の意識を持ってもらう。その上で，大型姿見の前を通るときに適切な働きかけをしていく。

子どもの理解力や身長に合わせて，2種類の啓発ポスターを掲示した（右図参照）。

子どもの様子・変化

当初は，作業実習棟入り口のタイムカードのところに1人用サイズの姿見が1台のみだったため，作業開始時に子どもたちが一斉に集中し，落ち着いて「見だしなみチェック」をすることが難しかったが，この補助教材により解消された。

子どもたちの全身を，何人も同時に映すことができるので，友人と比較するなど，「身だしなみ」に対する意識が高まってきた。

国語・算数(数学)

国語・算数（数学）

点結び学習導入ボード
点結びができるように

　数字と数量，絵カードと単語カード等のマッチングはできるが，鉛筆でのそれらの点結びが難しい子どもに使う。

　鉛筆で紙に線を引く代わりに，ボードの上でゴムを引っかけることにした。ルールは同じ。子どもが点結びの課題の意味とやり方を理解できるようになる。

材料・工具

A 色結びボード
　赤，青，黄，緑の首のところが長い押しピンと色ゴム，厚さ1cm工作用ウレタンボード

B 点結びボード
　厚さ1cmの板，釘，ベルクロ生地凹凸，マッチング用カード，黒ゴム

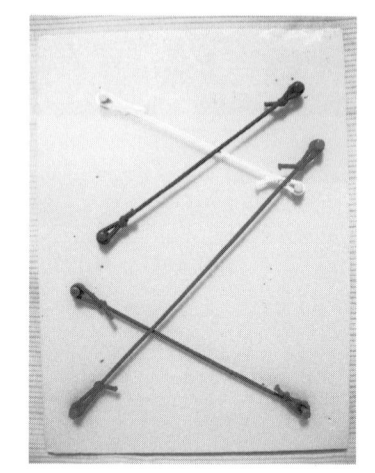

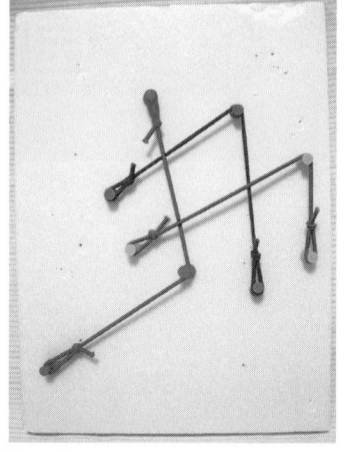

作り方

A 色結びボード
① 　ウレタンボードに任意に押しピンを刺す。
② 　①の押しピンと同色の色ゴムを準備する。

B 点結びボード
① 　板の表面にベルクロ凹生地を貼り，2列に釘を打つ。
② 　カードの裏面にベルクロ凸生地を貼る。

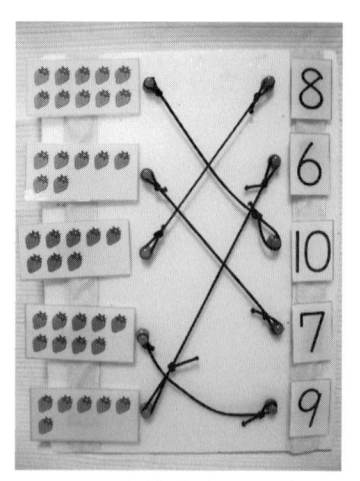

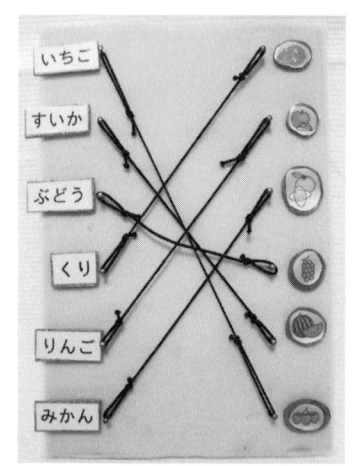

A 色結びボード

B 点結びボード（左：数量－数字，右：単語－絵）

使い方

　おしピン2個で直線結びをしたり，3個で三角形を作ったりよく見てゴムで結んでいくこ

とに慣れる。

単語，数字，絵カードなどを両脇に，絵―絵，絵―単語，数字―数字，数字―数量など，いろいろな組み合わせで貼り付け，よく見て同類をゴムで結んでいく。

子どもの様子・変化

A，Bと課題のやり方を理解していき，いろいろなバリエーションの点結びが，ボード上でできるようになった。

点結びの仕方を理解した様子が見られるようになってから，鉛筆での線引きの点結びのプリントに挑戦したところ，戸惑いなくできるようになった。

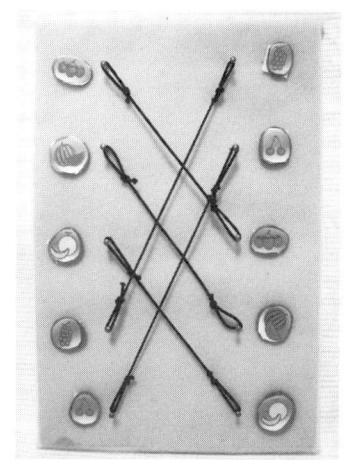

B 点結びボード（絵―絵）

見本をよく見て，手指を動かして理解を深めていくことが効果的な，作業性のある教材で，いろいろな学習に応用できる。

国語・算数（数学）

なぞりんぼう
なぞり書きが上手にできるように

上手になぞると，ペン先がひかる。楽しみながら，正確になぞることができるようになる。

材料・工具

9mmベニヤ板，シナベニヤ，アルミ板，電子ブザー，麦球ランプ，電線，透明な筒（使用済のボールペンなど），金属棒（透明な筒に入る物），蝶番，両面テープ，はんだ，水溶性ペンキ，木工用接着剤など
はんだごて，丸鋸，カッターなど

作り方

本体の製作

① 9mmベニヤ板を用いて，丸鋸で所定の大きさに切断し本体を製作する。
② 本体は，ボックス部分となぞり板設置部分を作る。
③ ボックス部分は，中に電子ブザーを取り付ける。また，電池などが交換できるよう，裏面には開閉扉を付ける。
④ なぞり板設置部分には，全面にアルミ板を貼り付ける。
⑤ 透明な筒の先端部に金属棒と麦球ランプを取り付け，本体の電子ブザーと電線でつなぎ，なぞりペンを作る。

なぞり板の製作

① シナベニヤを，なぞり板設置部分のアルミ板と同じ大きさに切断する。
② アルミ板を，なぞらせたい形に切り取る。

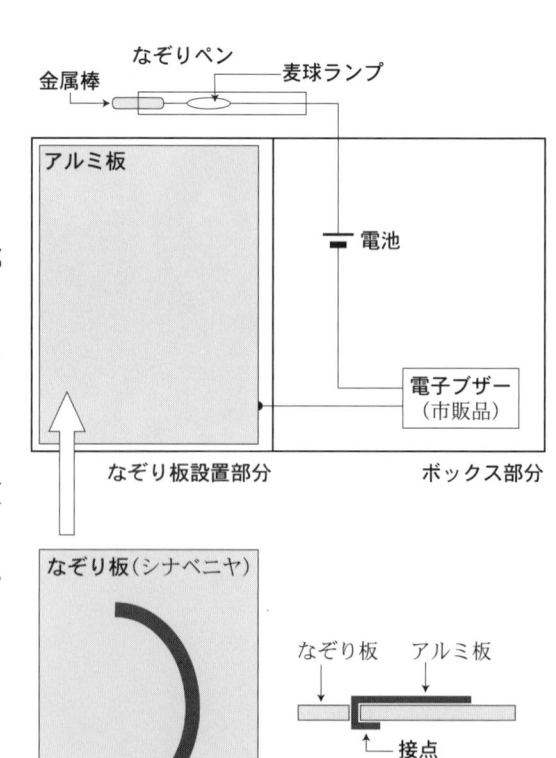

③　シナベニヤにアルミ板を貼り付ける。アルミ板は，一部をシナベニヤの裏面まで貫通させ，本体の回路との接点になるようにする。

使い方

① 　子ども達個々の発達に応じて，折れ線，曲線，数字，文字などのなぞり板を選択し，本体にとりつける。
② 　なぞりペンで，なぞり板のアルミの部分をなぞる。正確になぞると，ペン先の麦球ランプが光ると同時に，本体の電子ブザーがピピピ……と鳴る。光と音でペンの動きを確認することができる。

子どもの様子・変化

　Aさんは，始点と終点までペンを動かすことは理解できたが，曲線や折れ線を意識してなぞることが難しかった。ペン先のランプの光とブザー音を意識して，正しくなぞるように声をかけたり，手を添えて一緒になぞったりして，線をなぞることを指導した。

　Bさんは，平仮名五十音は理解しており，書くこともできた。ところが，線の交わる所がずれたり，終点が流れたりして，一見すると読めない文字を書いていた。そこで，1字ずつ丁寧に書けるようになることをねらって，この教材を使用した。Bさんは，線をなぞるということが，理解できるようになった。

国語・算数(数学)

さんかくパズル
形の学習

円や四角形の物は簡単にできても,三角形になると苦戦する子どもが多い。

三角形は,斜めの線を意識して扱うことができるかどうかが鍵。そこで,三角形だけのパズルとし,動かしやすいように木片で製作したところがポイント。

材料・工具

三角形の木材片8個(ホームセンターで購入),白ボール紙,絵の具,ニス,筆,はさみ,セロハンテープなど

作り方

① 三角形の木材片4個の表,裏,側面に黄色の絵の具を塗る。
② 残りの4個は,表に赤,裏と側面に緑色を塗る。
③ 絵の具が乾いたら表面にニスを塗る。
④ 三角形の木材片2個を組み合わせて四角形を作り,それを4つ組み合わせて大きい四角形にするいろいろなパターンを考え,同じ大きさに白ボール紙を切り,塗り分け,パターン図を作る。赤バージョン,緑バージョンの両方を作る。
⑤ 木材片8個で作った大きい四角形が,ちょうど入るサイズのケースを,白ボール紙で作る。

使い方

① ケースの底にパターン図を1枚敷き,その上に三角ブロックをパターン図通りにのせた状態で提示する。

Ⅱ　自作教材・教具の活用

② 子どもの前で三角ブロックを外してみせ，元通りにするよう促す。その際，三角ブロックは，赤バージョンのときは赤色（緑バージョンのときは緑色）が表面に見えるようにして外す。
③ パターン図は，隣り合う三角形が，黄色と赤，黄色と緑のように異なった色の方が，同じ色が隣り合うより簡単にできる。
④ いろいろなパターン図で試み，子どもの様子を見ながら，三角ブロックを合わせると，四角形や大きい三角形ができることなどを示す。
⑤ 慣れてきたら，パターン図をケースの底に敷かず，横に置いて見ながらしたり，赤と緑を自分で考えたりするよう，レベルアップしていく。

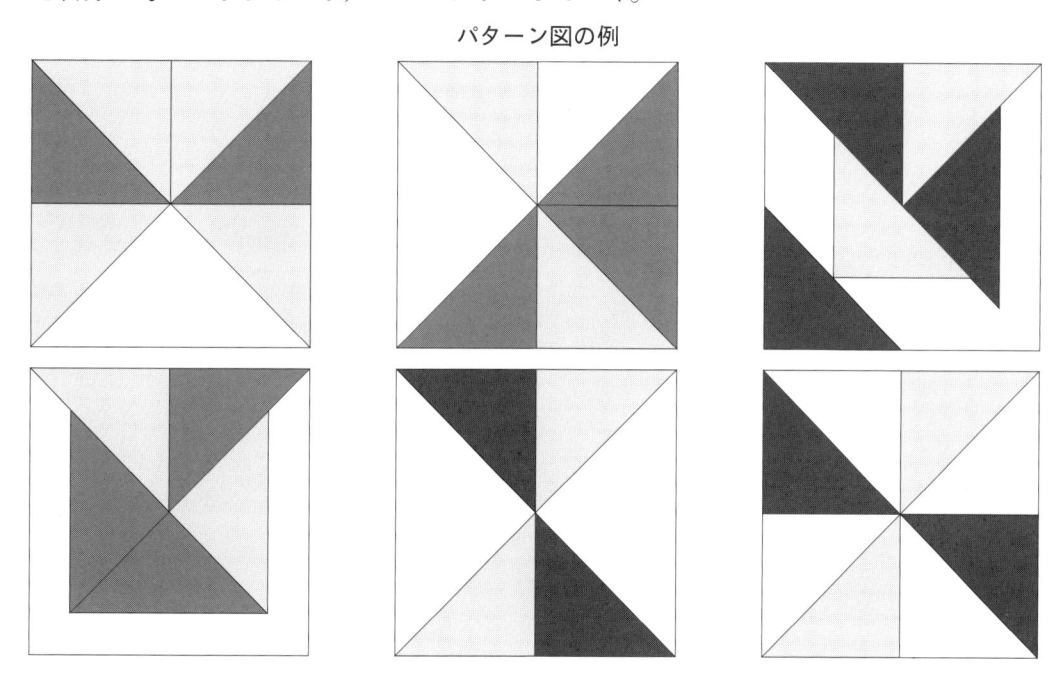

パターン図の例

子どもの様子・変化

　ある子どもは，何とか入れようと三角ブロックの向きをあちこち変え，試行錯誤していた。なかなか入らないと手伝ってほしがったので，三角と三角で四角形ができることを教えた。すると，パターン図を見ながら，自分で四分割して考えたようで，手元で三角を組み合わせて四角形を作ってから入れるという動作を，4回繰り返して入れていた。
　ある子どもは，まず黄色なら黄色だけを先に入れてから，赤（緑）を入れていた。
　同じ色が隣り合うパターンがなかなかできない子どもには，パターン図に補助線を入れ，三角形が意識できるようにした。
　図形認知の得意な子どもは，自ら意欲的に取り組み，できると満足げに次々自学自習していた。

国語・算数（数学）

色・形・数の理解力を高める
色・形・数量の総合学習教材

　12色（赤，青，黄，緑，ピンク，水色，黒，白，黄緑，茶，橙，紫）に色分けされた，3種類（丸，三角，四角）のチップを，指定の数量（20まで）数えて，課題箱にセットすることで，見る力や判別する力，数える力を総合的に養う。

材料・工具

　封筒，牛乳パック，厚紙，色・形のカラーコピー，細長いベニヤ板2枚，収納箱など

作り方

① 丸，三角，四角の形に厚紙を切って，12色（赤，青，黄，緑，ピンク，水色，黒，白，黄緑，茶，橙，紫）に色付けしたチップ（計36種類）を，それぞれ25枚ずつ作る。

② 36種類をそれぞれ封筒に入れる。
　どの封筒にどのチップが入っているか分かるよう，封筒の表に，1枚貼っておく。

③ 牛乳パックを，底から3cmの高さに切る。

④ 牛乳パックに入る大きさに切った厚紙に「しかく　あか　15」「さんかく　あお　14」などの課題を書いて，課題カードを作る（数字は20まで）。

⑤ ベニヤ板に，等間隔の区切り線を入れ1～10，11～20の数字を貼る。

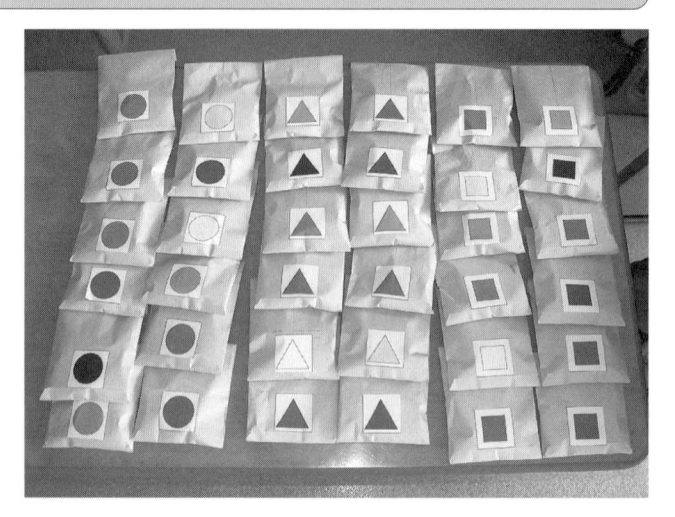

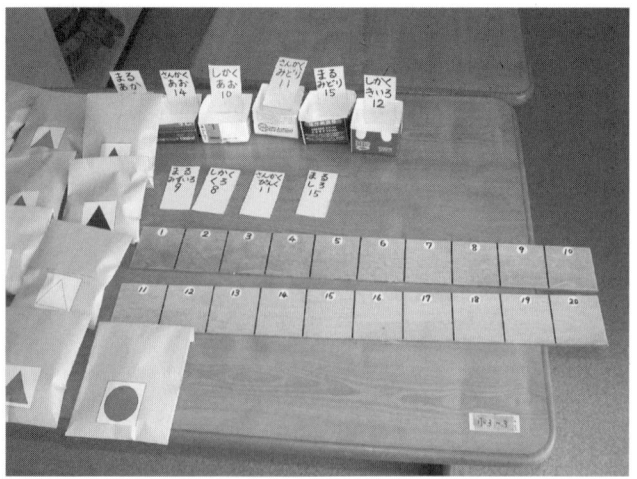

まる
みどり
18

課題カード

使い方

① 課題カードを引く。
② そのカードに書いてある指示通りの色,形のチップを指示された枚数だけ,数字を貼ったベニヤ板に,1枚ずつ並べながら数えていく。数え終わったチップは,課題カードと一緒に,牛乳パックにおさめる。
③ 初めは4色（赤,青,黄,緑）と3つの形の組み合わせで,12種類の選択くらいから始める。
④ 子どもの様子を見ながら,徐々に,数量や色,形を増やしていく。

子どもの様子・変化

初めは教師と一緒に行い,選んだカードや数量を,教師に確認をとりながら学習を進めていった。

慣れてくると課題の意味を理解して,1人で課題に取り組めるようになった。

国語・算数（数学）

カラーすごろくで遊ぼう
色の名前が覚えられるすごろく

みんなですごろくを楽しみながら，色の名前を覚えられるところがポイント。

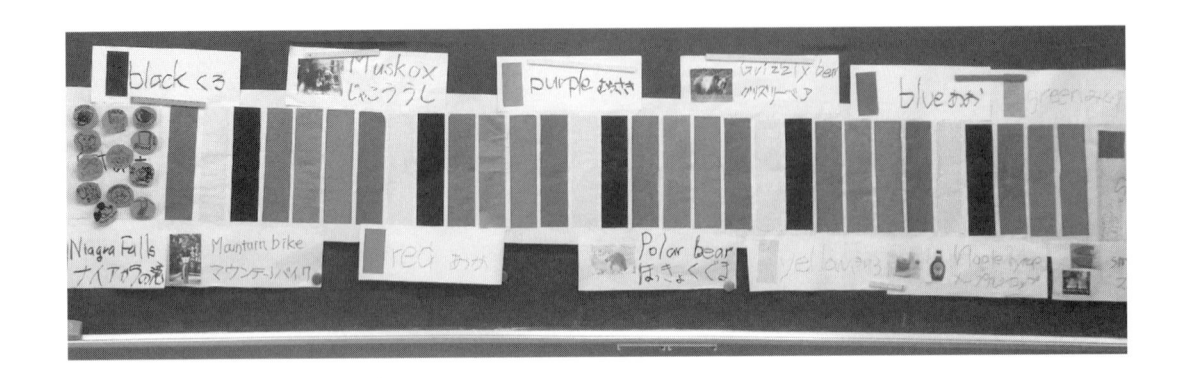

材料・工具

色紙（6色），立方体の箱，糊，両面テープ，磁石，はさみ

作り方

① 6色の色紙を，横に同じ順番貼る（大きさは人数に合わせるが，幅が広いとマスの数が制限されるので，色紙半分の幅にした）。
② スタートとゴールを作って，前後にくっつける（ゴールには6色全ての色紙を貼る）。
③ 立方体の6面に，1色ずつ色紙を貼り，さいころを作る。
④ 黒板につけられるように，磁石を利用して駒を作る。子どもの好きなものや，シンボルを書いて駒に貼る（付け外しがしやすいようにクリップ式の磁石を使うと良い）。

使い方

① スタートに駒を置く。
② さいころを振り，スタートに近い同じ色の所へ進む。
③ 順番にさいころを振って進んでいく。
④ 通ってきたマスと進むマスがわかりにくいときには，マスを隠す紙を準備し，紛らわしいマスを隠し，自分で同じ色が探せるように支援する。
⑤ ゴールには6色全ての色紙が貼ってあるので，どの色が出てもゴールできる。

子どもの様子・変化

　子どもと一緒に作ることができる。

　色を手がかりにコマを進めるという単純なルールのため，子どもたちもすぐに理解して楽しむことができた。

　数ではなく色を目印にしているので，数えることが苦手な子どもも，自分で次に進むマスを見つけることができ，意欲的に取り組めた。

　子どもの状態に応じて，床に置いて行ってもよい。

　外国語の時間には，英語で色の名前を言って使うことができる。

　マスは直線的に並べるとわかりやすい。すごろく遊びに慣れている場合は，曲がり角を作ったり，コの字型にしたりしてもよい。

　布製のベルクロテープなどを利用すれば，マスの順番が自由に組み替えできるものを作ることもできる。

国語・算数（数学）

マグネットシートとイラストサイコロ
すごろくをしてあそぼう

　人と関わることの楽しさを味わいながら，笑顔や自発的なことばを引き出すためには，楽しいゲームが一番。マグネットのマスにして，本人が自由にコースを考えて並べていくことができるようにしたのがポイント。受身的な活動ではなく，自分で主体的に関わってほしいという願いが込められている。

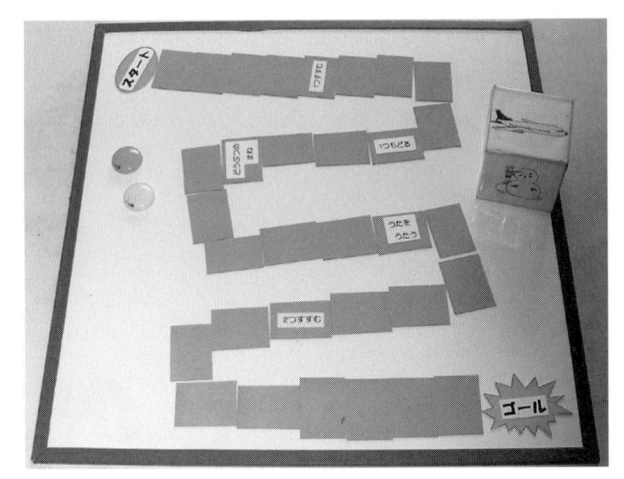

材料・工具

　ホワイトボード，ベニヤ板，カラーのマグネットシート，厚紙，丸型マグネット，透明で幅の広いテープ

作り方

ホワイトボード
　市販のもの。場面に応じて，いくつかの大きさのものをそろえる。

マス
① マグネットシートを，5cm×3.5cm程度の大きさに切りそろえたものを，30枚ほど用意する。
② 中に適当に「1かい休む」「1つすすむ」などのマスを違う色のマグネットシートで作っておく。
③ ゴールとスタートのマスを目立つようなデザインで作る。
④ コマも転がらないようにマグネットを使う。持ちやすいように丸棒の底に丸いマグネットを貼り付けて，色を塗ってもよい。

II　自作教材・教具の活用

イラストサイコロ

① 厚紙を6～8cmの立方体にする。適当に数個用意する。
② 対象となる子どもの興味のあるアニメや，知っている身近なことばでイラストを用意し，サイコロの表面に貼る。
③ 痛まないように，表面をテープで被う。

使い方

① ホワイトボードの上にマグネットシートで作ったマスを自由に並べて，スタートからゴールまでコースを作る。時間に応じてマスの枚数を調節してもよい。
② 使うイラストサイコロを選ぶ。
③ 交代で転がして，出たことばの音の数だけマスを進む。その際声に出して1つずつマスを正確に押さえるようにする。

子どもの様子・変化

　サイコロを振って，出た目のことばが自然に口に出るようになった。また，「次は何かなあ～」「あー，ざんねん」など表情豊かにことばが出ることが増えた。さらに，音の多いことばが出るとたくさん進めることがわかってくると，そのことばをねらって転がそうとする様子が見られるようになり，活動への関わり方に主体性が出てきた。

　マグネットで自由にコースを作るということがなかなかわからず，しばらくは教師の指示を待つような様子だったが，何回も取り組むうちに，自分の好きなように並べることができるようになり，毎回自由にコースを作れるようになった。

　サイコロでなくても，イラスト（または文字）カードをブラックボックスにたくさん入れて，そこから取り出してそのイラストの音の数を進むという形もできる。その方法だとより多くの種類のことばを選択することができる。子どもの実態に合わせて用意できる。

　クラスの中で，複数の子どもたちとゲームとして活用することもできた。数のわからない子でも一緒に楽しむことができる。

　イラストのサイコロには，子どもが大好きなアニメのキャラクターを使ったり，身近ないろいろなことばを組み合わせたりして，興味を引くこともできる。

国語・算数（数学）

色の名称・マッチングボード
色の名称がわかるように

色に興味を持ってもらったり，色の名前を覚えてもらったりと，いろいろな用途に使える。

材料・工具

2つ折りできる程度の厚紙，色紙12色（赤，青，黄，緑，白，黒，ピンク，橙，茶，紫，黄緑，水色）各2枚ずつ，色名称の文字カード，透明ガムテープ

作り方

① 12の色カードを各2枚ずつ用意しラミネートする。
② 厚紙に透明ガムテープを2つ折にしたもので2段のポケットを12個作る。
③ 12の色名称の文字カードをラミネートする。

使い方

・はじめは，色同士のマッチングをして，色について親しむ。
・赤，青，黄，緑の4色程度から行い，慣れてきたら白，黒を加え，ピンク，橙，茶，紫，黄緑，水色と数を増やしていく。
・文字を読める子どもに対しては，色カードとその名称のマッチングをしていく。

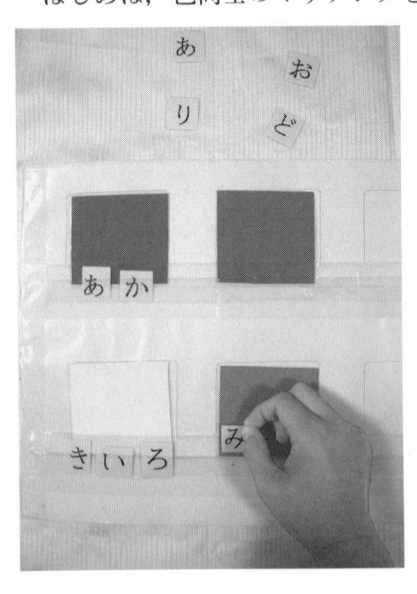

子どもの様子・変化

色に興味を持って遊ぶようになった子は，12色とその名称がほとんどわかるようになった。発展課題として色名を1字ずつ構成していくこともできる。

その時には2文字で構成される色名から始め，3文字の色名に増やしていくとよい。

体育・家庭・図工（美術）・音楽

体育・家庭・図工(美術)・音楽

みんなでホッケーを楽しもう
ホッケー用のまと

　ホッケーのボールは転がりすぎるので，しめ玉を使ってホッケーをするときのまと。倒れることで，打ったしめ玉が，まとに当たったことがすぐに分かる。

材料・工具

　ラミネートした色画用紙，本立て

作り方

① 　数字を貼り付けた色画用紙をラミネートする。
② 　本立てに色画用紙を貼り付ける。

使い方

① 　体育のホッケーで使用。体育館にまとを並べて置く。
② 　1番から順に，しめ玉を打ってまとを倒す。
③ 　スタートの目印に足型を置く。1～6までの番号が書かれた色画用紙と，色をそろえて，スタート位置とねらうまとをわかりやすくする。

子どもの様子・変化

　ゴルフのコースのように体育館いっぱいにまとを広げて置いておくと，子どもがたくさん動くことになり，活動量が増えた。
　1～6までの順序がわかる子どもは，自分で順序どおりに進めていけるので，時間が短縮でき，何度も取り組めた。
　画用紙の絵を子どもの好きなキャラクターなどに変えても楽しめる。
　まとが倒れたときに，逆の面に絵が描かれていても面白い。
　本立てを利用したまとは，ホッケー以外にサッカーやボウリングなどにも使える。

ねらって投げよう！
よく見てシュートボックス

いろいろな高さに，キャラクターの絵を描いた的を置く。

上の段をねらったり，下の段をねらったりしてボールをシュート！

遊んでいるうちにボール投げがうまくなる。

材料・工具

厚めのダンボール箱（縦55cm×横40cm×高さ30cm），模造紙，巧技台，ポスターカラー，カッター，ガムテープなど

作り方

① 厚めのダンボール箱の蓋を上部奥のみ残して，中に折り込む。

② 模造紙に大きくキャラクターの絵を描いてダンボールに貼り，①で残した蓋に貼り付ける。ダンボール箱の正面にもキャラクターの絵などを貼る。

③ 別のダンボール箱の上部を斜めに切り取ったものを，②のダンボール箱の底に貼って傾斜を付け，巧技台に固定する。

④ 高さを違えて巧技台を組み立て，その上に③を置く。

使い方

所定の場所に立ち（子どもに応じて距離を調整）ボールを持つよう促す。

子ども自身が好きなキャラクターを選んで，または，教師の声かけに応じて，ボールを投げ入れる。

ゲームのようにして遊ぶこともできる。

体育・家庭・図工（美術）・音楽

ハードルを跳び越せるように
ウエスタン調ハードル

ハードルを跳ぶ際に，怖がってなかなか跳ばない子どものために，怖くない，当たっても痛くないハードルを作った。

バーがさっと開くところがウエスタン調?!

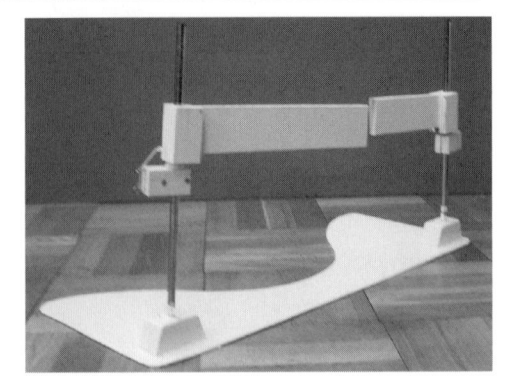

材料・工具

ベニヤ板（35cm×90cm）

木材A　2本（7cm×36cm×2cm）

木材B　2個（8cm×4.5cm×4.5cm）

木材C　4個（4cm×7cm×3cm）

木材D　2個（10cm×5cm×5cm）

アルミホイル，S字フック6個，フイルムケースのふた2個，輪ゴム2本，ジョイントラックポール2個，ネジ4本

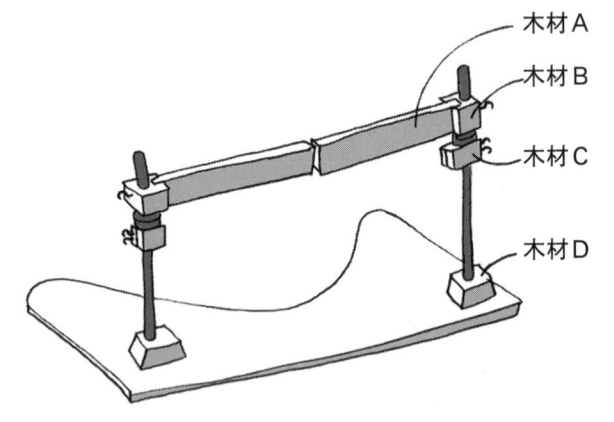

作り方

木の加工

① ベニヤ板，木材を電動工具で上記の大きさ加工する。

② 木材Aに木材Bをはめこみやすいように，木材Bに溝をつくる。

③ 木材B・C・Dに，ジョイントラックポールをはめこみやすいように穴を開ける。

④ 木材Bに1カ所，木材Cに2カ所，S字フックを取り付ける。

組み立て

① ベニヤ板に木材Dを接着剤でつける。

② 木材Dの穴に棒を刺す。穴を斜めに開けておき，ジョイントラックポールが少し内側に傾くようにしておく。

③ 跳んでほしい高さに2枚の木材Cをジョイントラックポールにはさんで，2カ所ネジで留める。

II　自作教材・教具の活用

④　フイルムケースのふた，木材Aをはめこんだ木材B，という順にジョイントラックポールに刺す。
⑤　S字フックに輪ゴムをひねりながら留める。
⑥　恐怖心を少しでも取り除くために，やわらかい色を塗る。

使い方

普通のハードルを跳び越す要領で跳ぶ。

当たっても痛くないように，足がハードルのバーに当たるとバーが開くようにしてあるので思い切って跳ぶように声をかける。

ゴムの力でバーは自然に戻る

輪ゴムの力で，自然にバーが戻るようにしてあるので，失敗しても立て直す必要がない。

ジョイントラックポールに木材Cをはさんでネジで留めてあるので，ネジをプラスドライバーでゆるめて，子どもの実態に合わせて高さを変える。

子どもの様子・変化

極端に怖がる子どもには，最初から無理に跳び越しをさせず，ハードルを開いて，歩いて通ることからはじめた。

少し速いスピードで通ることができたら，次はまたいで通り，だんだんとスピードを上げていき，跳び越すことにチャレンジするようにした。このように，徐々に取り組んでいくとよい。

小学部の高学年なら，シンプルなままで使う。低学年の子どもに使うときは，バーに好きなキャラクターの絵などを描いておけば，より楽しんで取り組むことができる。

ぶつかることに過敏な子どもには，バーにクッション性のあるものを取り付けるとよい。

体育・家庭・図工（美術）・音楽

おにをやっつけよう！
おにのまとあて

　直径10cmより小さいボールを片手で投げる。おにの顔のいろいろなところをねらって投げて，おにをやっつけよう！

材料・工具

　ダンボール（縦120cm，横110cm程度），模造紙，空き缶，すずらんテープ，キャスター付きハンガー掛け，ポスターカラー，カッター，ガムテープなど

作り方

① 模造紙を張り合わせ，大きく鬼の絵を描く。
② ①の大きさに合せて厚めダンボールを切り，鬼の絵を貼る。
③ 目の部分を切り抜き，模造紙をカーテン状に裏面から貼る。
④ 口の部分を切り抜き，すずらんテープで空き缶を吊り下げる。

使い方

　鬼の目や口をめがけてボールを投げるよう促す。
　ボールの軌跡や模造紙の揺れ，空き缶の揺れや音などを確かめ，ボールが入ったことをともに喜ぶ。
　おに退治のゲームとして遊ぶ。

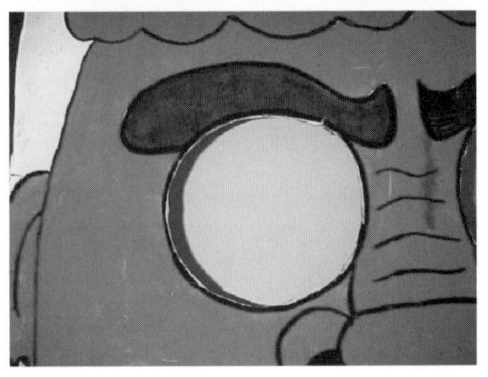

Ⅱ 自作教材・教具の活用

鼻にボールを入れるぞぅ！
ぞうさんゲーム

　ぞうさんの鼻がゴール。透明な長い鼻にボールが入ると見えるところがポイント。

材料・工具

　角木（4cm角），ベニヤ板，キャスター，色画用紙，ダンボール，模造紙，透明ビニール袋

　電動糸鋸，釘，マジック，ガムテープ，カッター，ボンド

作り方

① 角木を組み立て，上部にベニヤ板（中心を丸く切り抜いておく）を，斜めに取り付ける。底にもベニヤ板を貼り，底下部四隅にキャスターを取り付ける。
② ダンボール箱上部を斜めに切り取り，色画用紙を貼って象の顔になるよう耳を付ける。残ったダンボールの側面に，ベニヤ板と同じくらいの穴をあける。別のダンボールを使って傾斜台を作る。
③ ①の台に，②の穴をあけたダンボールと傾斜台をガムテープなどで付ける。
④ 底を抜いたビニール袋をつなぎ合わせた物を象の鼻に見立て，ベニヤ板の穴から中間のダンボールの穴を通り，傾斜台に沿ってボールが転がるように取り付ける。

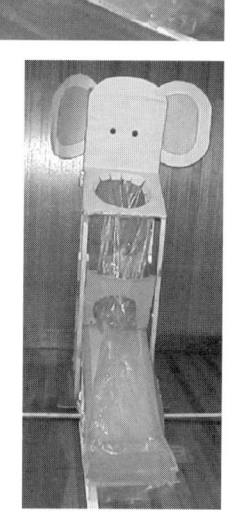

使い方

・ぞうの顔の前にあいた穴をめがけて，ボールを投げる（落としてもよい）。
・ボールの動きを目で追いながら，ボールの動きを意識して投げる（落とす）ことを楽しむ。

子どもの様子・変化

　身体補助や声かけ（目標物への注視，投げるフォームの意識など），投げる距離などを変化させた。子どもは投げた結果を自分で確かめることができ，意欲，技術ともに伸びた。

体育・家庭・図工（美術）・音楽

栄養バランスを学ぼう
食品ピラミッド

食品に含まれる栄養素とその働きがピラミッドを見ることですぐに分かる。

机の上で，形状を変化させられるようになっているところがポイント。

材料・工具

ピラミッド本体

厚紙，ベニヤ板，トタン，カラースプレー（黄，赤，緑），マスキングテープ，回転盤，木工ボンド，サンドペーパー

食品カード・栄養素カード

食品の写真，ラミネートシート，ラミネーター，マグネット，はさみ，マジック，画用紙

作り方

① 厚紙で4段のピラミッドの型紙を作る。
② その型紙に沿って，ベニヤ板（側面と底面，上面）と，トタン（側面のみ）を，カットする。
③ 木工ボンドでベニヤ板の側面同士を貼り付け，次に底面と上面を貼り付ける。
④ カットしたトタンは，一番下の段から，黄色，緑，赤，黄色の順に，カラースプレーで色を塗る。
⑤ スプレーが乾いたら，③のベニヤ板にボンドで貼る。
⑥ ピラミッドの角の部分に，危なくないようにマスキングテープを貼り付ける。
⑦ 最後に一番下の段の中心に，回転盤を取り付ける。
⑧ 食品カードは，写真をプリントして切りぬく。
⑨ ⑧をラミネートして，裏面にマグネットを貼り付ける。

使い方

① 食品ピラミッドの各段の説明

一番下の段
　エネルギー源となる炭水化物（ご飯，パン，めん類，いもなど）

下から2段目
　体の調子を整えるビタミン類（野菜類，果物類）

下から3段目
　身体の構成成分であるたんぱく質や無機質（魚，肉，卵，大豆，大豆製品，牛乳，乳製品など）

一番上の段
　エネルギー源となる脂質や砂糖を多く含む飲み物・菓子類（サラダ油，バター，マヨネーズ，ケーキなど）

② ピラミッドの各段に食品カードを分類する

　各段に，適切な食品カードを貼る。

　食品カードを貼ることのできる面は4面あるので，カードを何枚かずつ4人の子どもに分配し，ゲーム形式でやるなど，使い方に工夫ができる。

③ ピラミッドの形状変化を通し食事バランスを考える

　食事内容を分析し，摂取した食べ物の食品カードをピラミッドに貼る。

　例えば下から2段目の食品を，1つも食べていなかった場合，その段を取り除く。当然，ピラミッドの形状は崩れる。

　このピラミッドの形状の変化を通して，視覚的に食事のバランスについて学ぶことができる。

バランスの悪いピラミッド

子どもの様子・変化

　高等部1年生を対象に行った。2班に分かれ，ピラミッドの2面を使ってどちらの班が正確に食品カードを貼ることができるかゲーム形式で行ったところ，助け合いながら積極的に取り組む様子が見られた。

　答え合わせなどを通しても，どの食品がどの段に入るのか指導することができた。

　何通りかの食事例を示しピラミッドの形状を変化させてみると，「バランスが悪い」「変な形だ」という言葉が聞かれた。

体育・家庭・図工（美術）・音楽

献立の栄養バランスを考えよう
食物カードとランチョンマット

　視覚的に栄養バランスを考えることができる。
　取り扱いが簡単で，保管時にも場所をとらないところがポイント。

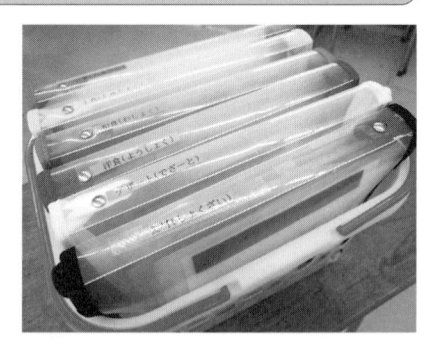

材料・工具

食物カード
　食材や料理の写真画像，印刷用紙，ラミネートシート（A5サイズ），ラミネーター，マグネットシート，両面テープ，分類用ケース6つ，かご6つ

ランチョンマット
　印刷用紙（A3），ラミネートシート（A3サイズ），マグネットシート，両面テープ

作り方

食物カード
① 食材や料理の写真画像を，A5サイズにプリントアウトする。
② 1枚ずつラミネート加工してカードにする。
③ カードの裏面にマグネットシートを両面テープで貼る。
④ それぞれの食品や料理を「主食」「和食」「洋食」「中華」「デザート」「食材」の6つに

分類する。
⑤　カードの裏面に食品名・料理名のシールを貼る。その際，シールの色は分類ごとに違うものにする。
⑥　分類ごとにケースに入れ，各ケースをかごに収める。

ランチョンマット
①　花柄などランチョンマットにあるような模様を，A3サイズでプリントアウトする。
②　ラミネート加工し，ランチョンマットにする。
③　マグネットシートの磁石面を上にして，ランチョンマットの4カ所に貼り付ける。

使い方

① 食材のカードを食品群に分ける

　3色食品群（黄・赤・緑）で，食品が体の中でどのような働きをするか学び，食材のカードを3つの働きに分類する。
　教師がいくつか見本を示すと分類のイメージができ，子どもたちも分かるものを選択して貼ることができる。
　カードの枚数は実態に合わせて調整して使う。

② 料理のカードを使って献立を立てる

　あらかじめ，カードを主食・主菜・副菜・汁物に分類しておき，別々の机に並べる。それを順番に選び，ランチョンマットに貼り付ける。
　慣れてきたら分類をはずし，ランダムにカードを並べ，その中から選ぶ。

③ 献立の栄養バランスを分析する

　子どもの選んだ献立に含まれる食材を，食材のカードから選び，3色食品群に分類する。そうすると，その献立の栄養バランスを視覚的に捉えることができる。

子どもの様子・変化

　高等部の家庭科で用いている教材である。
　子どもたちに栄養について尋ねると，栄養素の名前を覚えることに固執し，実生活と結びついたイメージがつかめていない場合が多かった。
　しかし，視覚的な教材を用いて体験的な学習を行うことで，「緑の食品群は野菜」と理解することができたり，料理のカードをじっくり見て，真剣に献立を立てる姿が見られたりした。
　また，この学習を繰り返し行うことで栄養についての意識が高まり，ランチョンマットに貼り付けた献立を見て，子ども同士で「おいしそう」という発言だけでなく，「体によさそう」「野菜もっと入れたらいいよ」など栄養バランスを意識した発言も出るようになった。

体育・家庭・図工(美術)・音楽

簡単にスタンプが押せるように
ポンポンスタンプ

　スタンプを持ったり，決められた位置にスタンプを押したりすることが難しい子どもが，楽しんでスタンプを押すことができる魔法の補助具。

材料・工具

　木材数種類，透明ホース(直径30mm)，ラップ芯，プリンカップ，スポンジ，太めのゴム，プラスチック板，青色画用紙，ラミネートシート，スタンプ(100円ショップで購入)，ねじ釘，蝶板などの金属部品

　ドライバー，横丸のこ盤，糸のこ盤，カッターなど

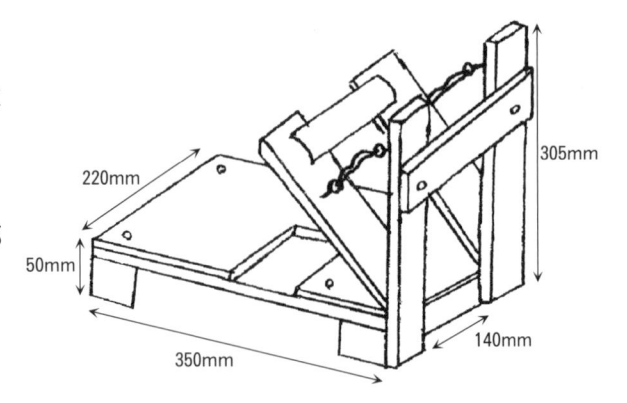

作り方

土台部分

① 木を切り，上図のように組み合わせてねじ釘，蝶板，蝶ナットなどで留める。
② ラップ芯に切り込みを入れて木にはめ込む。
③ 丸フックをつけてゴムをつける。板にチケットなどを入れる部分を切り抜き，土台にねじ釘で固定する。切り抜いた部分に，ラミネートした青色画用紙を貼る。

Ⅱ　自作教材・教具の活用

スタンプ部分の製作
① 板にスタンプが入る大きさの穴を開ける。
② プラスチック板にプリンカップがはまる大きさの穴を開ける。
③ 板とプラスチック板を合わせて，4つ角辺りに穴を4個開ける。
④ プリンカップにスポンジをはめ込み，スタンプの持ち手部分に，約2cmに切った透明ホースをはめる。
⑤ スタンプを板の穴に入れて，上からプリンカップ，プラスチック板の順にのせて，蝶ナットとネジで留める。

土台部分とスタンプ部分を組み合わせる
① スタンプがチケットなどを置く位置に当たるように，土台部分とスタンプ部分を調節してねじ釘で固定する。

使い方

① 土台の青色部分にチケットを置く。
② レバー部分を握って手前に倒し，少し力を入れて押す。
③ 握っていたレバーを離す（ゴムの力でレバーが戻る）。
④ チケットを取り出す。

子どもの様子・変化

　スタンプを持たなくてもレバーを握って手前に倒すだけで，簡単にチケットにスタンプを押すことができるので，自発的にスタンプを押そうとする様子が見られた。

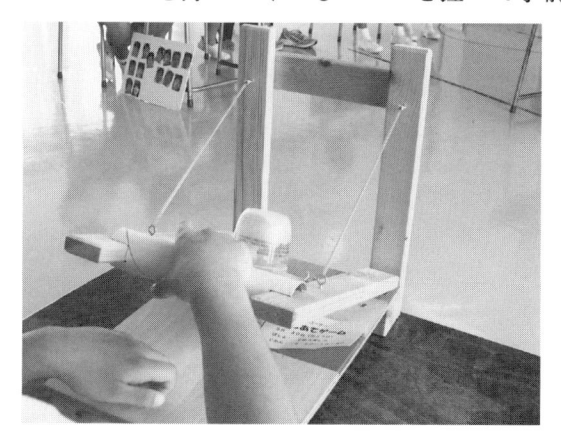

　別のスタンプに変えられるように，固定してあるプリンカップのネジを簡単に取り外しできるようにした。

　スタンプは，100円ショップで購入。数十種類のスタンプがあり，いろいろな種類のスタンプが楽しめるので，他の教科でも使用できる。

体育・家庭・図工(美術)・音楽

パネルシアター「どうぶつサンバ」
歌って楽しむ

「どうぶつサンバ」の曲に合わせて，パネルシアターを見ながら歌を歌ったり，身体表現をしたり，パネルを操作したりして楽しむ。

材料・工具

パネル板
　ベニヤ板，ネル布地，ボンド

絵パネル
　Pペーパー，ネル，絵の具，筆，はさみ

作り方

① ベニヤ板をネル布地でくるみ，パネル板にする。
② Pペーパーで背景の山，木，池，岩，草を作り，色を塗る。
③ 山や木，池には動物の一部分が見えるように切れ込みを入れる。
④ Pペーパーでいろいろな動物を作り，色を塗る。ぞうの鼻やきりんの首などは動くように糸で玉留めにしておく。
⑤ 動物の配置を考えて，Pペーパー同士が重なるところには裏にネルを貼る。

使い方

① 背景の山や木，池，岩，草の後ろに，いろいろな動物を，一部分が見えるようにして隠

して貼る。
② 歌詞「でておいで，でておいで，いろんなどうぶつでておいで，おどれサンバ，おどれサンバ，さいしょは（おつぎは）なんだろな」に合わせて，隠れている動物を引き出す。
③ 続きの歌詞「どうぶつサンバ，どうぶつサンバ，みんなでおどろうよ」で動物をもって揺らす。
④ 初めは教師が演じてみせる。どんな動物が隠れているか子どもたちに尋ねるとよい。
⑤ 慣れてきたら，子どもたちに隠れている動物をさがして引き出してもらう。子どもによって隠れている部分を多くしたり少なくしたりして難易度を調節できる。
⑥ その際，すぐに引き出したり，背景そのものをめくってしまうことがないよう留意する。
⑦ 週1回の音楽の時間など，時間をおいて何度も演じる場合は，同じ動物でも隠す場所を変えたり，新しい動物を増やしたりするとおもしろい。

子どもの様子・変化

　音楽の時間に使用する際に，子どものはやく動物を出したい気持ちをうまく受け止めて，曲を聴きながら待ってタイミングよく引き出すように促した。
　動物が出てくることや音楽があること，一部分の色や形を見て全体像を推測するというクイズ的要素があることもあり，幅広くどの子どもも楽しめた。
　池の途中からワニが目だけ出ているのを見て，「カエル」や「カバ」と言った子どもがいた。池に居る動物としてもっともであり，次回にはリクエストに応えてカバを用意した。子どもの反応によって作り足していくとよい。
　「どうぶつサンバ」は，以前NHK教育テレビ「ワン・ツー・どん」の番組で使用されていた曲である（石川まさのぶ／作詞・作曲）。

体育・家庭・図工（美術）・音楽

パネルシアター「ジャイアントパンダのパンやさん」
うたって楽しもう（自作曲）

　パネルシアターを見ながら歌を歌ったり，歌詞の「パン」のところで手拍子を打ったりしながら，楽しむ。また，「ジャイアントパンダのパンやさん」の歌に合わせて，パンダやパンを貼り，パネル操作をして楽しむ。

材料・工具

　Pペーパー，ネル地，筆記用具，はさみ，絵の具セット

作り方

① Pペーパーで「パンやのお店」「お父さんパンダ」「お母さんパンダ」「赤ちゃんパンダ」を作り，色を塗る。
② Pペーパーで曲に出てくる12種類のパンを，できるだけ写実的に柔らかそうに大きく作り，色を塗る。
③ 歌詞カードを作成する。

使い方

① ギター伴奏に合わせて，「パン」のところで手拍子を打ちながら歌う。
② 曲に慣れてきたら，強弱やテンポの変化を楽しみながら歌う。
③ 教師が歌に合わせてパネルシアターの操作を行い，鑑賞する。
④ 子ども自身が歌に合わせて，パネルシアターを行う。
⑤ パンを1つずつ見せて，パンの名前を尋ねたり，好きなパンの話をしたりする。

子どもの様子・変化

　音楽の授業で，自作曲であるこの楽曲を手遊び歌として導入したところ，子どもたちに大変好評だった。授業の度に「パンダさん，パンダさん！」と，リクエストがかかるほど人気が出たので，定番曲として毎時間歌うようになった。ギター伴奏だとピアノ伴奏とは違った雰囲気になり，子どもたちは楽しく手拍子を打ちながら生き生きと表現した。

　パネルシアターを一緒に行うと，興味深くそれを見つめる様子が見られた。また，リアルに描写されたパンのパネルシアターを見ることにより，歌に対する興味がいっそう増した様子であった。

　鑑賞するだけではなく，パンやさんでのお買い物ごっこをする場面も設定したところ，楽しんで活動に参加する姿が見られた。

ジャイアントパンダのパンやさん　　×は手拍子

パンパンパンパン　パンパンパンパン　ジャイアントパンダ の　やきたてパンや
あんパンジャムパン　クリームパン　　パンパンパンパン　パンパンパンパン
あかちゃんパンダの　かわいいパンや　まめパンロールパン　チョコレートパン
パンパンパンパン　パンパンパンパン　おかあさんパンダの　おいしいパンや
あげパンカレーパン　レーズンパン　　パンパンパンパン　パンパンパンパン
おとうさんパンダの　おおきいパンや　しょくパンメロンパン　フランスパン
パンパンパンパン　パンパンパンパン　パン パパ パンパン　パン　パン

「ジャイアントパンダのパンやさん」は，河﨑省一郎のオリジナル曲です。

体育・家庭・図工（美術）・音楽

好きな音を出して楽しもう
とんとんポローン

　机の上をバンバンと叩いたり，たてかけてあるギターの弦を，一瞬弾いたりして音を楽しむ様子が見られる。興味のある感触や音を楽しみながら，遊びが広がることをねらったもの。
　安定性のある形でいろいろな音を出せるようにしたところがポイント。

材料・工具

集成材（厚さ 1cm），三角の棒材，ウクレレの黒い弦 5 本，ヒートン 5 本，鈴 5 個

作り方

① 集成材を 6 面切りそろえる。30cm×30cm……2 枚，30cm×15cm……4 枚。
② 上面の位置にくる板に，直径 9cm の丸い穴を開ける。
③ 6 枚の板をボンドで組み合わせ箱状にする。
④ 穴の位置に合わせてウクレレの弦を音の高さの順に平行に張る。穴に近い側はねじ釘で固定し，反対側はヒートンで留め，弦を少し残して垂らす。
⑤ 三角の棒材を弦の両端の下に挟んで浮かす。ヒートンで強さを調節して固定する。
⑥ 垂らした弦の先に鈴をつける。
⑦ 少しでも音が響きやすいように，底に脚を付け，床との間に空間をつくる。

ヒートン

使い方

教室の中で子どもが好んで過ごす場所に置き，自由に触れられるようにする。
弦を指で弾いたり，表面を手のひらで叩いたり，鈴を揺らしたりして感触や音を楽しむ。

子どもの様子・変化

　教室の中のくつろぎコーナーに置いておくと，授業の合間の休み時間，給食後の昼休みなどに，手を伸ばしてあるいは手元に引き寄せて，触って楽しむ様子が見られるようになった。
　表面を軽くトントンと叩いたり，バンバンといろいろな強さで叩いたり，指先で器用に弦を弾いてきれいな音を出したりしていた。笑顔も多く見られるようになり，落ち着いて過ごす時間が多くなったように感じられた。

自立活動

自立活動

どこでもスイッチ
スイッチを活用しよう①

ほんの少しの指の動きでスイッチを入れることができるように，マイクロスイッチを使ったところがポイント！
いろんな場面でスイッチが使えます。

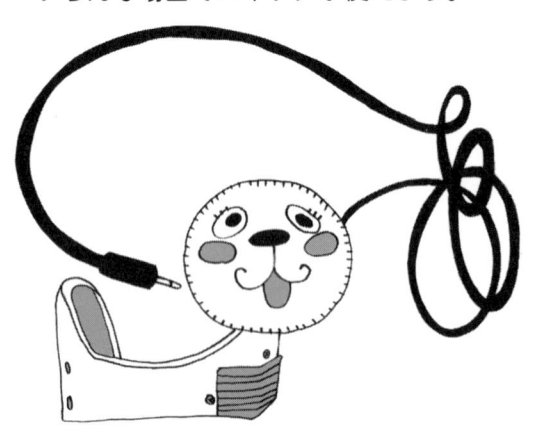

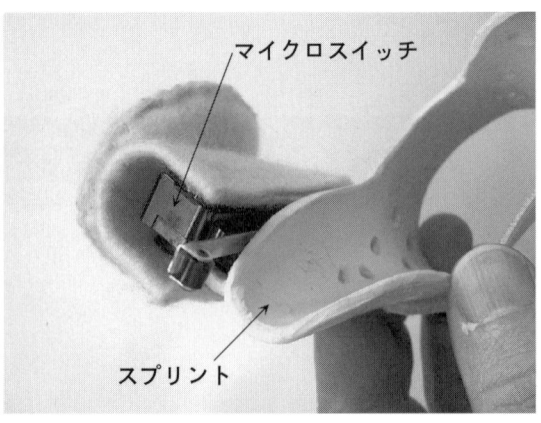

材料・工具

- 子どもが指で動かすことのできるマイクロスイッチ
- マイクロスイッチを適当な位置に保持する為の補助具（スプリント）
  OTの方に依頼すると適切な物を熱変性樹脂（暖めると自由に形が変わる）で作成してもらうことができる。
- シールド線とミニプラグ，ハンダゴテ，ハンダ，プラスチック用接着剤，強力両面テープなど

作り方

① 子どもの手に合ったスプリントにマイクロスイッチが良い位置に固定できるようにプラスチック板を接着剤で固定する。
② マイクロスイッチの端子にシールド線とミニプラグをハンダ付けする。
③ 子どもがスイッチを無理なく押せる位置に両面テープで固定する。

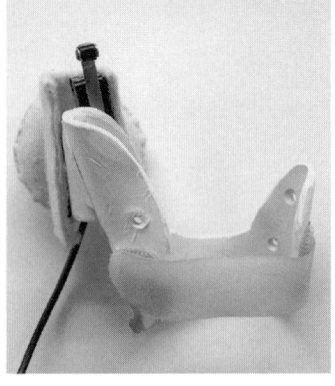

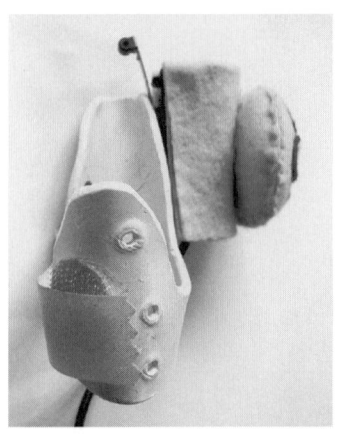

使い方

① 乾電池で動く，いろいろなおもちゃを，BDアダプターを使って動かす。
② リレースイッチを使って100V使用の電球をつけたりする。
③ マウスを改造してスイッチでパソコンを操作する。
④ スイッチを押すとピンポンと鳴るパーティグッズを改造して音で返事をする。

改造マウス

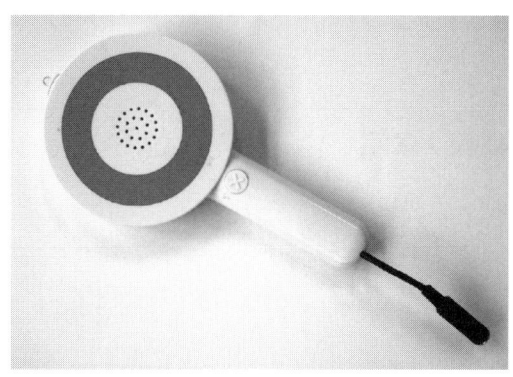

子どもの様子・変化

自分自身の行動で，周りの環境が何らかの形で変化するというのは，楽しいことに違いない。この教材を使って学習した子どもは，自発的な動きが少しずつ見られるようになった。

改造ピンポンスイッチ

スイッチを意識しながら押せるように，上体を起こしたり，無理な場合は鏡を使って指の動きを見せたりするようにした。

マイクロスイッチの動作圧は様々な物があり，子どもに合ったものを探す必要がある。

BDアダプター

電池で動く機器やおもちゃを，スイッチで操作できるようにするためのアダプターとして，市販されている。

絶縁体を挟んだ2枚の銅片に，スイッチプラグの差し込み口が取り付けられている。

銅片部分を，機器やおもちゃの電池ケースの電池と電極の間に挟み込み，子どもの手に合わせたスイッチと接続して使用する。

単純な構造なので，BDアダプター自体を自作することもできる。

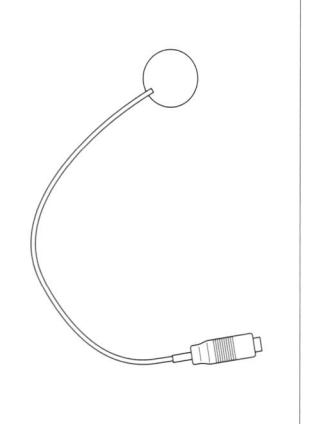

自立活動

にぎるスイッチ
スイッチを活用しよう②

スイッチを使うことで，自分でおもちゃなどを動かす楽しさを経験させたい。

自ら外界に働きかけようとする意欲を，育てるために工夫したスイッチ。

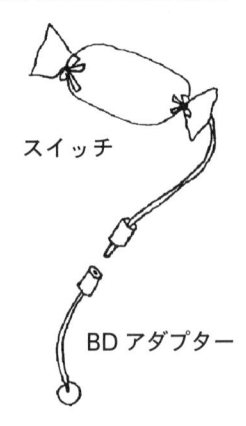

材料・工具

スイッチ本体
マイクロスイッチ（3個），シールドコード，ミニプラグ

カバー
ジャージ布（10cm×10cm），リボン（25cm×2本）

BDアダプター
シールドコード，ミニジャック，銅箔テープ

作り方

スイッチ本体
① マイクロスイッチ3個を図のように組み合わせ，端子の上下2カ所をそれぞれ3個まとめてハンダづけする。
② ハンダづけした端子に，シールドコードをハンダづけする。
③ シールドコードのもう一方をミニプラグにハンダづけする。

カバー
① スイッチ本体のマイクロスイッチの部分をキャンディーのように布で包み，両端をリボンで結ぶ。

BDアダプター
① 銅箔テープを，はさみで直径1cm程度の円形に切り抜き，シールドコードをハンダづけする。
② シールドコードのもう一方をミニジャックにハンダづけする。

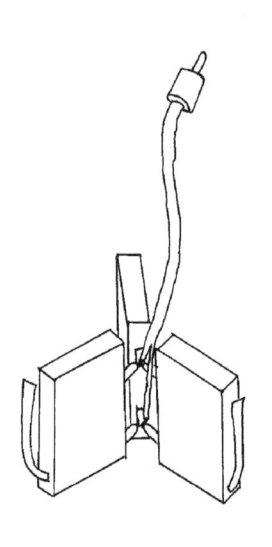

使い方

「にぎるスイッチ」は手のひらで握り，指をちょっと動かすだけでスイッチを入れることが可能であるため，握る力の弱い子でも使用することができる。

おもちゃ＋BD アダプター＋にぎるスイッチ

電池で動く怪獣のおもちゃと接続して，怪獣を歩かせたり鳴き声を発生させたりして遊ぶ。

VOCA＋にぎるスイッチ

VOCAと接続して，「おはよう」「さようなら」などの挨拶の場面や，お母さんを呼ぶときに使用する。

子どもの様子・変化

何度か使ううちに，だんだんスイッチを押していろいろなことができることが分かってきたようだった。おもちゃを動かすのは特に喜んだ。

カキ氷器などを持続的に動かしたい場合は，スイッチをずっと入れ続けなければいけないので，別途ラッチタイマー（100V 対応）を使用した。カキ氷を作って自分で食べたり，大好きなお母さんに作ってあげたりした。

Ⅲ

教材ライブラリーの活動

1　教材ライブラリーとは

　日々の教育において，子どもたち一人ひとりの実態に応じた指導が必要なことは，どの教師も考えていることです。明和養護学校では，昭和56年度に小グループ研究会の一つである「教材・教具」グループで生まれた構想をもとに，子どもたち一人ひとりに合った教材・教具の開発や活用に取り組み始めました。

　それが発展して，「自作教材・教具や市販の遊具などを学校全体で共有化し，効率よく日々の指導に役立てよう」と学校全体に提唱されました。

　そして，各地のおもちゃライブラリーや視聴覚ライブラリーなどの機関の組織・運営等を参考にして，昭和57年10月に教材ライブラリーが設立され，教員有志による「教材ライブラリー委員会」によって運営がなされてきました。

　そして，平成18年度からは「教材ライブラリー課」として校務分掌に位置づけられました。

2　教材ライブラリーの特徴

───── いつでも　だれでも ─────
① 教材を製作できる材料と場所がある。
② 教材を利用できる教材ライブラリー室がある。
③ 参加できる研修の場がある。

　校内の教材・教具のサービスセンターとして「みんなで考え，みんなで作り，みんなで使おう」を合い言葉にして，活動を重ねています。

3 教材ライブラリーの施設

(1) 教材ライブラリー室

　第1教材ライブラリー室と，第2教材ライブラリー室があり，3000点の教材・教具が分類保管されています。

　第1教材ライブラリー室には年間を通じて使用頻度の高いものを置き，第2教材ライブラリー室には季節的なもの，使用頻度の低いもの，原材料等を収納しています。また，多数のワークシート（プリント）教材が，分類保管されています。

―――― 教材・教具の分類表（抜粋）――――

（あ）初期反応
（う）手の運動
　　①握る・離す，②振る・叩く・引っ張る，③指先の分化，④関節の内外転，⑤両手の協応，⑥なぞる，その他 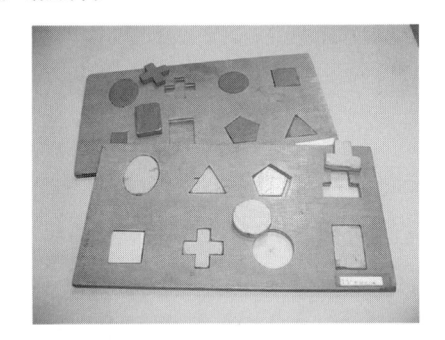
（え）日常生活動作
　　①食事，②排泄，③着替え，④洗面，その他
（お）弁別学習
　　①色の弁別，②形の弁別，③位置・方向の弁別，④大小の弁別，⑤長短の弁別，⑥パズル，その他（音の弁別，身体各部位の定位，触覚弁別） 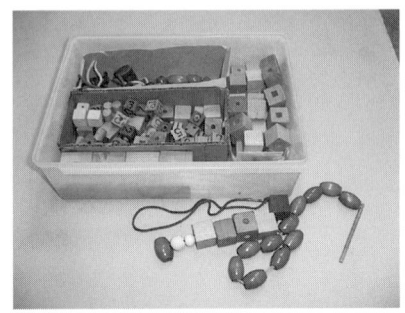
（か）言語学習
　　①文字の弁別，②単語・単文の弁別，③実物・模型の弁別，④写真カード，⑤文字の分解・構成，⑥おはなしづくり，⑦漢字，⑧紙芝居，⑨パネルシアター，その他（指人形，人形，劇遊び） 
（き）数量学習

①数概念，②数の読み書き，③加減算，④時間，⑤長さ・重さ・温度・量，⑥お金，その他
(さ) その他
(も) モンテッソーリ教具

ワークシート教材分類一覧（抜粋）

(あ) シールはり　(い) 線書き　(う) ぬり絵
(え) 紙切り　(お) 形の違い　(か) 構成
(き) 仲間作り　(く) 迷路遊び　(け) 比較
(そ) その他　(た) 算数　(ち) 国語
(つ) 生活

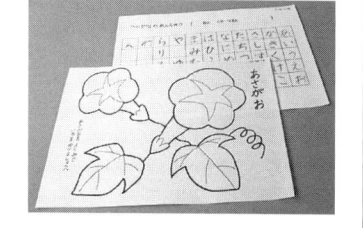

教材・教具集 CD-ROM 版（平成20年1月現在）

教材の一部（約200点）を紹介する，CD-ROMがあります。使用目的別に検索できるようになっており，写真と使用方法が載っています。

(2) 紙教材室・木工教材室

紙教材製作に必要な原材料・工具等を準備した紙教材室が，教材ライブラリー室に併設されています。また，布教材製作に必要な材料も揃えてあります。木工教材室（木工室内）には大型機械の他，細かな材料・塗料・塗装用具等が備えられています。これらは誰でも自由に利用することができます。

(3) アイアイルーム

平成15年度より，第1教材ライブラリー室の隣にアイアイルームを開きました。子どもたちと一緒に来て，その場で教材を選んで試すことができます。

明るい色調の家具や絨毯で，楽しく過ごせる雰囲気になっています。また，ギャラリーも兼ねていて，新しい教材や，おすすめ教材などが展示されています。「アイアイ」は「和気藹々」，「愛」から名付けられました。

4　教材ライブラリー課の組織と業務

(1) 組織

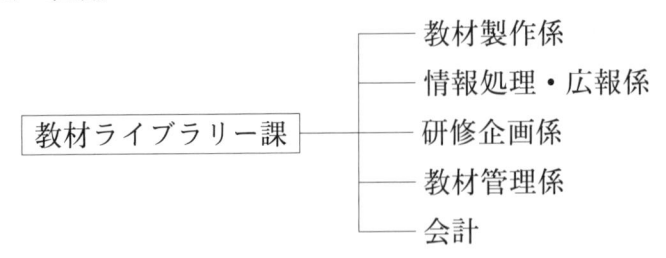

```
                    ├── 教材製作係
                    ├── 情報処理・広報係
教材ライブラリー課 ──┼── 研修企画係
                    ├── 教材管理係
                    └── 会計
```

(2) 業務
① 教材の製作に関する活動（教材製作係）
　・教材製作講習会
　・夏季教材製作会
② 教材利用案内に関する活動（情報処理・広報係）
　・ライブラリー便り発行
　・掲示による案内
　・自作教材・教具展示会
③ 教材研究における研究，研修に関する活動（研修企画係）
　・自作教材・教具合評会
　・指導事例報告会
　・自作教材教具集発行
④ 教材管理に関する業務（教材管理係）
　・教材・教具の登録と廃棄
　・教材・教具の消毒
⑤ 会計に関する業務（会計係）
　・教材・教具の材料の購入費の出納

Ⅲ　教材ライブラリーの活動

5　教材ライブラリー保護者の会

　この会は本校の保護者が集まり，教材製作を行う会です。育友会の組織の中に教材部があり，中心的な役割を担っています。父母の会によって製作された教材は，300点を超え，日々の指導に役立っています。

　教材ライブラリー母の会は，昭和57年度より発足し，布教材や，紙教材を中心に製作しています（布製野菜模型，布製三大栄養素表，パネルシアターなど）。

母の会制作　パネルシアターぞうさんの防止

　父の会は，昭和63年度に発足し，木工教材を中心に製作しています（プール用すのこ，ベンチ，ブランコ柵，本棚，信号機模型など）。

父の会制作　絵本棚

6　学校開放講座・学習会の開催

　学校開放講座は，特別支援学級の先生方への情報提供や支援のために平成18年度より教材に関する講座を夏季休業中に開催しています。本校近隣の保育園，幼稚園，小学校の先生方にお越しいただいています。
　学習会は，特別支援学級の先生方から要望があり，平成15年度より教材ライブラリーの見学や教材・教具の紹介などを行っています。

7　「明和の扉」の開設

　平成19年度に情報課により，学校のサーバー上に情報共有の「場」が作られました。それを「明和の扉」と名づけて利用しています。
　これにより，学校内の施設や学校周辺の建物などの写真の他，先生方が製作した各教科のワークシート（プリント類）のデータ収集を行い，共有化を図ることができるようになりました。

あとがき

　今回，教材ライブラリーでは本校において2冊目となる「自作教材・教具集」を発行しました。

　教材ライブラリーの前身である教材製作の会ができたのは昭和56年度のことです。市販の教材が今ほど充実していなかった頃，子どもたちがよりよく学ぶための手だての一つとして教材の大切さを考え，先生方自身による教材づくりが始まりました。最初は少人数から始まった会が，先生方の賛同を得て昭和57年度に「教材ライブラリー」として発足しました。任意の会にもかかわらず多くの先生方が会員になり，保護者の方も積極的に教材づくりに協力していただけるようになりました。その後，先生方が国立特殊総合教育研究所主催の「自作教材教具展示会」に教材を出品するようになったことや本校の教材の製作，研修と管理を体系化することにより，「教材ライブラリー」は明和養護学校の特色の一つになるまでに成長しました。

　現在，教材ライブラリー室には3,000点を超える教材が保管されています。これらたくさんの教材は日々の授業の中で使われています。今回，本書で紹介している「ひも結び練習用エプロン」や「トイレットペーパーホルダー『まきまきくん』」は身辺自立を促すために使われています。「バースデーケーキ」は誕生会やクリスマス会には欠かせないものです。また，パネルシアター「ジャイアントパンダのパン屋さん」は子どもたちの大好きな歌になりました。この他，本書では紹介しきれない教材がたくさん作られています。このように本校では子どもたちの力を引き出すための手段の一つとして教材を作ること，そして活用することが自然な形で行われているのです。

　本書で紹介した教材が特別支援教育に関わっていらっしゃる方々にとって少しでも役立つものであることを願っています。そして，機会がありましたら教材ライブラリーを見学に，元気な子どもたちに会いにご来校いただき，ご指導・ご助言をいただければ幸いです。

　最後に発行にあたり，監修をお引き受けいただいた太田正己先生，原稿を執筆い

ただいた先生方，教材ライブラリーを支えていただいている先生方，保護者の皆様に心より感謝申し上げます。

監修者
　太田正己（千葉大学教育学部教授）

著　者
　石川県立明和養護学校
　　〒921-8834
　　石川県石川郡野々市町中林4丁目70
　　Tel.（076）246-1133
　　http://www.ishikawa-c.ed.jp/~meiwas/

編集協力者

福島尚美	松尾貴代	田村吉治	吉藤敦子	瀬千加子	高畠健二
竹川幸男	田野正昭	吉藤篤史	立花美紀	池端義之	駒形千映
中田綾子	吉野美佳子	勘田ひとみ	石井智里	勝井宏美	村田晶子
吉谷　明	河﨑省一郎	横山慶子	池田陽一	池田利昭	松浦義男
島田勝浩	灘村博美	松平悠子	太田博巳	吉藤寛二	庭田典子
澤　秀和					

挿　絵
　笠森留美子

特別支援教育に役立つ手づくり教材・教具集
とくべつしえんきょういく やくだ て きょうざい きょうぐしゅう

2010年8月1日　初版発行

監修者　太田正己
　　　　おお た まさ み
著　者　石川県立明和養護学校
　　　　いしかわけんりつめいわようごがっこう
発行者　武馬久仁裕
印　刷　株式会社　一誠社
製　本　協栄製本工業株式会社

発　行　所　　株式会社　黎明書房
　　　　　　　　　　　　 れい めい しょ ぼう

〒460-0002 名古屋市中区丸の内3-6-27 EBSビル
☎052-962-3045　FAX052-951-9065　振替・00880-1-59001
〒101-0051 東京連絡所・千代田区神田神保町1-32-2
南部ビル302号　　☎03-3268-3470

落丁本・乱丁本はお取替します　　ISBN978-4-654-00211-5
©Meiwa Yogogakko 2010, Printed in Japan
日本音楽著作権協会(出)許諾第 1008319-001 号